EL ORDENAMIENTO JURÍDICO ESPAÑOL DE LIBERTAD RELIGIOSA

Nociones de derecho eclesiástico del Estado

EDICIONES

© de los textos: José Manuel Murgoitio
© de la presente edición: Ediciones Universidad San Jorge
Colección Manuales, n.º 6
1.ª edición: 2024

This work was partially funded by Departamento de Educación, Ciencia y Universidades, *from the* Gobierno de Aragón *(Spain) (Research Group S07_23R, ECONOMIUS-J).*

Diseño de portada y maquetación: Enrique Salvo Lizalde
Imprime: Tipolínea S. A.

Impreso en España – *Printed in Spain*

ISBN: 978-84-128281-5-3
Depósito legal: Z 1603-2024

Ediciones Universidad San Jorge
Edificio Grupo San Valero
Plaza de Santa Cruz, s/n
50003, Zaragoza – Tel.: 976 057 080
ediciones@usj.es   cultura.usj.es   www.usj.es

Esta editorial es miembro de la UNE, lo que garantiza la difusión y comercialización de sus publicaciones a nivel nacional e internacional.

EL ORDENAMIENTO JURÍDICO ESPAÑOL DE LIBERTAD RELIGIOSA

Nociones de derecho eclesiástico del Estado

José Manuel Murgoitio García

ÍNDICE

INTRODUCCIÓN

El Estado no constituye la totalidad de la existencia humana, decía J. Ratzinger a los diputados católicos del Parlamento alemán en 1981, ni abarca la totalidad de la esperanza humana. El hombre y su esperanza van más allá de la realidad del Estado y más allá de la esfera de acción política. Si hay algo que escapa a la totalidad de este Estado es ese claustro íntimo de creencias que constituye el núcleo esencial de la libertad religiosa. El reconocimiento de la libertad religiosa se convierte así en la primera línea en la defensa de la dignidad de la persona, de su conciencia, que es, ante todo, libre de Estado.

El factor religioso es una constante en la historia de la humanidad. También en nuestros días constituye un elemento muy presente en la vida social y, en países como el nuestro, fruto de los movimientos migratorios, la multiculturalidad de las sociedades conlleva también una multiplicidad religiosa que requiere una respuesta adecuada desde el ordenamiento jurídico. El derecho eclesiástico del Estado constituye esa respuesta: la regulación civil del factor religioso presente en la sociedad actual. Porque, si bien lo religioso, en sí mismo considerado, es libre de regulación por parte del Estado, su trascendencia civil sí puede o debe ser objeto por parte del ordenamiento jurídico.

Así es como la respuesta de nuestro ordenamiento jurídico a la relevancia civil de la libertad religiosa conforma el objeto de lo que se denomina derecho eclesiástico del Estado. Una rama del ordenamiento jurídico que posee un objeto material y formal específico, con un sistema de fuentes propias y unos principios informadores que lo dotan de unidad. En suma, nos encontramos con aquella parte del ordenamiento jurídico que contiene el conjunto de normas estatales relacionadas con el factor religioso presente en la sociedad, fruto del reconocimiento de la libertad religiosa de sus ciudadanos.

La presente obra pretende exponer de manera sencilla para los alumnos del Grado en Derecho las nociones fundamentales del derecho eclesiástico del Estado. Se trata de un manual para una asignatura de 3 créditos ECTS que aborda lo que podríamos denominar su parte general, sin renunciar a tratar indirecta y más brevemente algunas cuestiones propias de su parte especial. La obra pretende otorgar a los alumnos una visión general o panorámica de las cuestiones centrales de esta rama del ordenamiento jurídico español. De este modo, tras la explicación del derecho a la libertad religiosa, imprescindible para comprender la razón de ser de este derecho multidisciplinar, se aborda el sistema de fuentes específicas del mismo. La normativa internacional es crucial para interpretar este derecho a la luz de los parámetros de los derechos humanos reconocidos internacionalmente. Por su parte, el análisis de los acuerdos del Estado con las confesiones religiosas ayuda a comprender cómo constituyen su fuente específica.

Tras el estudio del sistema de fuentes, la obra aborda el conjunto de principios informadores del derecho eclesiástico del Estado español, que le otorgan unidad como rama del ordenamiento jurídico. Estos principios son nucleares para comprender la actitud que los poderes públicos deben adoptar ante el factor religioso presente en la sociedad española: libertad, aconfesionalidad, igualdad y cooperación constituyen este conjunto informador del Estado. Con ocasión del principio de cooperación, analizamos brevemente la asistencia religiosa y el reconocimiento de los efectos civiles del matrimonio celebrado en forma religiosa. Una vez analizados estos principios informadores, nos adentramos en el estudio de las confesiones religiosas, especialmente su autonomía, deteniéndonos en sus implicaciones con los derechos fundamentales de los ciudadanos, especialmente en el ámbito laboral.

Finalmente, se estudia la libertad de enseñanza, en cuanto proyección de la libertad religiosa. Así, se analizan dos cuestiones trascendentales en este ámbito: el derecho de los padres a elegir la educación de sus hijos conforme con sus convicciones religiosas y el régimen jurídico de la enseñanza religiosa escolar.

1

LA LIBERTAD RELIGIOSA COMO DERECHO FUNDAMENTAL

1.1. LA LIBERTAD RELIGIOSA, PRIMERA DE LAS LIBERTADES DEL SER HUMANO

Sin temor a equivocarnos, podemos decir que la libertad religiosa es la primera de las libertades, arraigada como está en la dignidad del ser humano, abierto a la trascendencia, aunque sea para negarla. Una libertad que, por esa misma razón, no es exclusiva de los creyentes, sino de todas las personas, fuente, como es, de otras libertades enraizadas igualmente en aquella dignidad: de conciencia, de expresión, ideológica y de enseñanza. Un conjunto de libertades que pueden ser consideradas como una proyección de aquella que hemos venido a calificar como primera libertad y de las que es matriz (Rossell, 2023: 198). En este sentido, el propio Benedicto XVI explicaba por qué puede ser considerado como el primer derecho o libertad, «no solamente porque fue el primero en ser reconocido históricamente, sino también porque se refiere a la dimensión constitutiva del hombre, que es su relación con su Creador» (Riobó, 2013: 41).

De ahí que Salinas Mengual (2020: 30) haya señalado que este carácter primigenio pueda entenderse en un triple sentido: histórico, antropológico y lógico. Histórico al tratarse de una libertad reconocida en los primeros textos internacionales antes que otras libertades; antropológico, unido al proceso del hombre en la búsqueda de la Verdad y del sentido último de las cosas; y lógico, al presuponer esta libertad otros derechos fundamentales.

Si, como ha puesto de relieve Tomas Shah (2013: 49-51), la religión es la manera en la que las personas procuran voluntariamente conducir su vida conforme con la verdad que han descubierto a través de su intelecto y que constituye la clave de bóveda con la que explicar el sentido de su existencia humana, del mundo y de la historia, la libertad religiosa se configura así como el derecho a perseguir esta armonía entre vida y verdad de un modo en que se haga uso de todos los recursos de la personalidad: la razón, la conciencia, la voluntad, las emociones, el cuerpo y el alma.

Siguiendo a este autor, diremos que la libertad religiosa abarca así cuatro dimensiones de la persona: 1.ª) la libertad de cada uno de nosotros para usar la razón y buscar la verdad acerca de cualquier orden invisible, determinar cuáles son sus dimensiones y qué dicen acerca de la vida; 2.ª) la libertad de implicar la propia conciencia, el intelecto y la voluntad para abrazar esa verdad; 3.ª) la libertad de involucrar toda nuestra naturaleza humana para practicar y manifestar la verdad sobre ese orden invisible, solos o asociados con otros; y 4.ª) el derecho, individual o colectivo, a expresar libremente las creencias religiosas en la sociedad civil y en la vida política.

Se configura así la libertad religiosa como un derecho de la persona que «ha de ser reconocido en los ordenamientos jurídicos convirtiéndose en un auténtico derecho civil» Y, como libertad civil, «consiste en que todos los hombres han de estar inmunes de coacción, tanto por parte de individuos como de grupos sociales y de cualquier potestad humana». Se trata de la configuración de una esfera de independencia o inmunidad en el ámbito civil frente al poder coactivo de los Estados para que «en materia religiosa, ni se obligue a nadie a obrar contra su conciencia, ni se le impida que actúe conforme a ella en privado y en público, solo o asociado con otros, dentro de los límites debidos» (Concilio Vaticano II. D. C. *Dignitatis Humanæ:* n. 2). Cuando se reconoce la libertad religiosa:

> la dignidad de la persona humana se respeta en su raíz, y se refuerzan el *ethos* y las instituciones de los pueblos. Y viceversa, cuando se niega la libertad religiosa, cuando se intenta impedir la profesión de la propia religión o fe y vivir conforme a ellas, se ofende la dignidad humana, a la vez que se amenaza la justicia y la paz, que se fundan en el recto orden social construido a la luz de la Suma Verdad y Sumo Bien (Benedicto XVI, 2011: n5).

En suma, la libertad religiosa es libertad para orientar la propia vida, sin injerencias externas, en función de los principios morales resultantes de nuestro encuentro personal con la Verdad (Murgoitio García, 2021: 11); una capacidad para ordenar nuestras decisiones más vitales de acuerdo con aquella Verdad, convirtiéndose de este modo en «la expresión más descollante del derecho a la libertad personal» (Martí Sánchez, 2015: 100). Si la libertad constituye la fuente de la que brota la dignidad humana (Juan Pablo II, 1978), la libertad religiosa constituye la base del respeto de un sustrato fundamental de humanidad en toda persona sin distinción.

1.2. NATURALEZA Y CONTENIDO DE LA LIBERTAD RELIGIOSA

La libertad religiosa es uno de los derechos fundamentales recogidos en el Capítulo Segundo del Título I de la Constitución española de 1978. Es así como en su artículo 16.1 se reconoce constitucionalmente este derecho, al indicarse que: «se garantiza la libertad ideológica, religiosa y de culto de los individuos y las comunidades sin más limitaciones, en sus manifestaciones, que la necesaria para el mantenimiento del orden público protegido por la ley».

Igualmente, la Declaración Universal de Derechos Humanos, proclamada por la Asamblea General de las Naciones Unidas en París, el 10 de diciembre de 1948, en su artículo 18 proclama que:

> Toda persona tiene derecho a la libertad de pensamiento, de conciencia y de religión; este derecho incluye la libertad de cambiar de religión o de creencia, así como la libertad de manifestar su religión o su creencia, individual y colectivamente, tanto en público como en privado, por la enseñanza, la práctica, el culto y la observancia.

Como vemos, la libertad religiosa aparece reconocida junto a otro tipo de libertades o de derechos de libertad que generalmente vienen a proteger un ámbito de autonomía del individuo frente a posibles injerencias externas, bien del Estado o de terceros. Se trata de un conjunto de libertades estrechamente vinculadas entre sí; nos referimos a las libertades de pensamiento, conciencia y religión.

Nos encontramos así con tres libertades singulares o autónomas. De ahí que podamos sostener que la libertad religiosa no es un subgénero de la libertad de conciencia, sino un derecho singular cuyo objeto es el acto de fe, diferente del objeto de las otras dos restantes.

Si las libertades de pensamiento, conciencia y religión son una exigencia de justicia frente a las posibles injerencias de los poderes públicos, podemos encontrar aquí la base común de estos tres grandes derechos humanos, que, por esta razón, suelen aparecer juntos en los textos internacionales. Desde esta base común podemos igualmente, como han señalado Ferrer Ortiz y Viladrich Bataller (2007: 93), encontrar los elementos que nos permiten afirmar su respectiva autonomía: el objeto de la libertad de pensamiento es «el conjunto de ideas, conceptos y juicios que el hombre tiene sobre las distintas realidades del mundo y de la vida», es decir, el conjunto de ideas en el terreno filosófico, político, científico, etc.; el objeto de la libertad de conciencia será «el juicio de la moralidad y la actuación en consonancia con ese juicio»; y el objeto de la libertad religiosa será el acto de fe y sus manifestaciones.

Evidentemente, no deja de ser cierto que los juicios propios de las libertades de pensamiento y conciencia estarán condicionados por el acto primero de la fe, como asentimiento del intelecto y de la voluntad a la Verdad, así como de la decisión de acomodar toda la vida conforme a ese asentimiento, lo que influirá propiamente en los juicios de conciencia desde un concreto sistema moral y en la concepción que la persona tenga de la realidad. En cualquier caso, todo este conjunto de libertades nos refiere a un ámbito personal e íntimo del ser humano y a cómo este se conduce en la vida.

De este modo, siguiendo a Satorras Fioretti (2008: 98) podemos llegar a ciertos criterios de diferenciación entre este conjunto de libertades y a diferentes niveles. A nivel de su ejercicio, la diferencia conceptual se encuentra en el ejercicio de las libertades, pues exclusivamente la libertad religiosa halla su ejercicio positivo, entre otros, a través del culto; y a nivel promocional es donde encontramos la verdadera diferencia de tratamiento jurídico, especialmente en la imposibilidad de cooperación a través de convenios de cooperación, que solo será aplicable a la libertad religiosa y no a las otras dos restantes.

Por otra parte, ni los textos internacionales de derechos humanos ni la propia Constitución española definen qué es la libertad religiosa. Los instrumentos legales reconocen o garantizan el derecho, delimitan más o menos su contenido, señalan sus límites, pero no definen qué ha de entenderse por libertad religiosa. El único texto internacional que define la libertad religiosa es la Declaración Conciliar *Dignitatis Humanæ* del Concilio Vaticano II de 7 de diciembre de 1965, que, en su Capítulo I, relativo a la noción general de la libertad religiosa, en su apartado 2 señala que:

> Esta libertad consiste en que todos los hombres han de estar inmunes de coacción, tanto por parte de individuos como de grupos sociales y de cualquier potestad humana, y esto de tal manera que, en materia religiosa, ni se obligue a nadie a obrar contra su conciencia, ni se le impida que actúe conforme a ella en privado y en público, sólo o asociado con otros, dentro de los límites debidos (…).

Por ello, en un intento de delimitación conceptual de la libertad religiosa, podemos señalar varios elementos que nos ayudan en este sentido: en primer lugar, que el objeto de la libertad religiosa es la fe, el acto de fe y sus manifestaciones; en segundo lugar, que ello supone un espacio de autonomía personal inmune de toda coacción en sus manifestaciones privadas y/o públicas, en soledad o acompañados; en tercer lugar, que adquiere una doble naturaleza en cuanto principio informador del ordenamiento jurídico que determina la actitud del Estado ante dicho acto de fe de sus ciudadanos y como derecho subjetivo de carácter fundamental[1]; y que por esa razón, en cuarto lugar, se configura como una libertad positiva que permite actuar en consecuencia con dicho acto de fe, obligando a los poderes públicos a proporcionar los instrumentos jurídicos que así se lo permita a los ciudadanos.

Así pues, conceptualmente podemos decir que:

1 Vid. sentencia del Tribunal Constitucional 24/1982, de 13 de mayo, FJ1.

la libertad religiosa tiene por objeto la fe como acto, la fe como contenido de dicho acto, así como la práctica de la religión en todas sus manifestaciones individuales, asociadas o institucionales, tanto públicas como privadas, con libertad para su enseñanza, predicación, culto, observancia, cambio de religión y profesión (Salinas Mengual, 2020: 61).

1.2.1. Naturaleza

Hemos visto cómo la libertad religiosa posee un conjunto de rasgos característicos propios que la diferencian de la libertad ideológica o de pensamiento, al igual que de la de conciencia; de igual forma que es en la propia dignidad de la persona en la que encontramos su fundamento más profundo. Pues bien, a la hora de abordar su naturaleza específica, podemos señalar tres características fundamentales que la definen:

En primer lugar, se trata de un derecho de libertad. Es decir, configura un espacio de autonomía interna y externa de carácter personal en orden de autonormarse respecto del acto de fe. Como tal, encuentra su fundamento teórico en la noción de libertad negativa, entendida como ausencia de coacción. En este sentido, como señala Martínez de Pisón Cavero (2003: 130) respecto de la libertad de enseñanza, pero que es válido también para la de religión, al tratarse de libertades sustentadas en una misma autonomía personal, «uno es libre cuando es autónomo, cuando no sufre presión o no coacción de otro. Por ello, la máxima expresión de esta libertad es la de constituirse en límites a las actuaciones del poder, de terceros o de otros grupos».

Esta capacidad o autonomía lo es además en un doble sentido, que podemos describir como una faceta positiva y otra negativa:

a. Positiva, como facultad para exteriorizar libremente a través de actos individuales o colectivos el contenido del acto de fe (actuar en consonancia con las propias creencias). Es aquí en donde se despliegan en mayor medida las implicaciones de esta libertad. Así, esta faceta «comprende tres estadios que, a modo de ondas concéntricas se expanden desde la esfera íntima de la persona hacia el exterior: libertad de creencias, libertad de culto y libertad de actuación conforme con las creencias que se profesan» (Palomino Lozano, 2015: 51).

b. Negativa, en el sentido de poder omitir libremente esa exteriorización para evitar posibles consecuencias jurídicas (negarse a declarar la opción personal respecto del acto de fe). Expresión de esta faceta es la facultad contenida en el artículo 16.2 de la Constitución que prohíbe la obligación de declarar o manifestar las propias creencias.

En segundo lugar, es un derecho subjetivo de naturaleza fundamental. La libertad religiosa ha sido configurada en nuestra Constitución como «un derecho subjetivo de naturaleza fundamental que se concreta en el reconocimiento de un ámbito de libertad y de una esfera de *agere licere* del individuo». Así, a través de esta libertad se «reconoce el derecho de los ciudadanos a actuar en este campo con plena inmunidad de coacción del Estado y de cualesquiera grupos sociales, de manera que el Estado se prohíbe a sí mismo cualquier concurrencia, junto a los ciudadanos, en calidad de sujeto de actos o de actitudes de signo religioso»[2].

Como derecho subjetivo, es uno de los derechos que la doctrina ha denominado de «primera generación», al estar encuadrado dentro de la Sección 1.ª del Capítulo III del Título I de la Constitución, que, necesariamente, debe ser desarrollado por Ley Orgánica (artículo 81.1 de la Constitución), y con una especial protección prevista en el artículo 53.2 de la Constitución y el artículo 41.1 de la Ley Orgánica del Tribunal Constitucional susceptible de recurso de amparo.

En tercer lugar, este derecho tiene naturaleza de carácter prestacional. Esta naturaleza prestacional deriva de la conexión existente entre la obligación de los poderes públicos contenida en el artículo 9.2 de la Constitución de «promover las condiciones para que la libertad y la igualdad del individuo y de los grupos en que se integra sean reales y efectivas; remover los obstáculos que impidan o dificulten su plenitud y facilitar la participación de todos los ciudadanos en la vida política, económica, cultural y social», y el mandato de cooperación contenido en el artículo 16.3 de la misma, cuando ordena que: «Los poderes públicos tendrán en cuenta las creencias religiosas de la sociedad española y mantendrán las consiguientes relaciones de cooperación con la Iglesia Católica y las demás confesiones», y, a su vez, el elenco de las manifestaciones propias de la libertad religiosa contenido en el artículo 2.1 de la Ley Orgánica 7/1980, de 5 de julio, de Libertad Religiosa (LOLR), respecto de las cuales, en el artículo 2.3 de la misma, se establece que:

> para la aplicación real y efectiva de estos derechos, los poderes públicos adoptarán las medidas necesarias para facilitar la asistencia religiosa en los establecimientos públicos, militares, hospitalarios, asistenciales, penitenciarios y otros bajo su dependencia, así como la formación religiosa en centros docentes públicos.

---

2 Vid. Sentencia del Tribunal Constitucional 24/1982, de 13 de mayo, FJ1.

Se trata de un derecho de prestación por el que los poderes públicos deben favorecer, mejorar, promover o facilitar (artículo 9.2 de la Constitución) el ejercicio de la libertad religiosa, especialmente sus manifestaciones (Palomino Lozano, 2015: 52). Este carácter prestacional ha sido expresamente reconocido por el propio Tribunal Constitucional en su sentencia 46/2001, de 15 de febrero, cuando en su fundamento jurídico 4.º señala que:

> El contenido del derecho a la libertad religiosa no se agota en la protección frente a injerencias externas de una esfera de libertad individual o colectiva que permite a los ciudadanos actuar con arreglo al credo que profesen (SSTC 19/1985, de 13 de febrero, 120/1990, de 27 de junio, y 63/1994, de 28 de febrero, entre otras), pues cabe apreciar una dimensión externa de la libertad religiosa que se traduce en la posibilidad de ejercicio, inmune a toda coacción de los poderes públicos, de aquellas actividades que constituyen manifestaciones o expresiones del fenómeno religioso, asumido en este caso por el sujeto colectivo o comunidades, tales como las que enuncia el art. 2 LOLR y respecto de las que se exige a los poderes públicos una actitud positiva, desde una perspectiva que pudiéramos llamar asistencial o prestacional, conforme a lo que dispone el apartado 3 del mencionado art. 2 LOLR (…).

Sustancialmente, podemos decir así que la libertad religiosa faculta a las personas a conservar su inmunidad «para desenvolverse autónomamente en la esfera religiosa sin injerencias de los poderes públicos, pero al mismo tiempo, estos tienen ahora el deber de adoptar medidas positivas tendentes a garantizar el pleno, real y efectivo reconocimiento de la libertad religiosa» (Rodríguez Blanco, 2018: 75).

1.2.2. Contenido

Acudimos a los textos legales, tanto nacionales como internacionales, así como a la jurisprudencia, que son de gran ayuda para acercarnos al contenido de este derecho fundamental.

a) Los tratados internacionales

El propio Tribunal Constitucional[3], en aplicación del mandado establecido en el artículo 10.2 de la Constitución, que establece que «las normas relativas a los derechos fundamentales y a las libertades que la Constitución reconoce se interpretarán de conformidad con la Declaración Universal de Derechos Humanos y los tratados y acuerdos

---

3 Vid. Sentencia del Tribunal Constitucional 24/1982, de 13 de mayo, FJ4.

internacionales sobre las mismas materias ratificados por España», ha venido a señalar que:

> En la determinación del contenido y alcance del derecho fundamental a la libertad religiosa debemos tener presente, a efectos interpretativos, lo dispuesto en la Declaración Universal de Derechos Humanos, concretamente en su art. 18, así como en los demás Tratados y Acuerdos internacionales suscritos por nuestro país sobre la materia, mereciendo especial consideración lo dispuesto en el art. 9 del Convenio Europeo de Derechos Humanos y la jurisprudencia del Tribunal Europeo de Derechos Humanos recaída con ocasión de la aplicación del mismo.

Y así es como el artículo 18.1 de la citada declaración señala que:

> toda persona tiene derecho a la libertad de pensamiento, de conciencia y de religión; este derecho incluye la libertad de cambiar de religión o de creencia, así como la libertad de manifestar su religión o su creencia, individual y colectivamente, tanto en público como en privado, por la enseñanza, la práctica, el culto y la observancia.

Importante es también, en el ámbito internacional de los derechos humanos, el artículo 18 del Pacto Internacional de Derechos Civiles y Políticos, adoptado por la Asamblea General de las Naciones Unidas el 16 de diciembre de 1966, que repite la fórmula de la Declaración Universal, pero introduce modificaciones sobre el proselitismo, señala los límites del derecho y los derechos de los padres en este ámbito.

Partiendo de este artículo 18, es importante resaltar, como punto de partida en la determinación inicial del contenido de la libertad religiosa, la referencia que el propio Tribunal Constitucional efectúa a la interpretación que del mismo hace el Comité de Derechos Humanos de Naciones Unidas en la Observación General n.º 22 de 20 de julio de 1993 (ONU; Comité de Derechos Humanos), al señalar que este precepto «protege las creencias teístas, no teístas y ateas, así como el derecho a no profesar ninguna religión o creencia. Los términos creencia o religión deben entenderse en sentido amplio», añadiendo además que «el artículo 18 no se limita en su aplicación a las religiones tradicionales o a las religiones o creencias con características o prácticas institucionales análogas a las de las religiones tradicionales».

Igualmente, esta Observación señala que estamos ante una libertad de «profundo y de largo alcance; abarca la libertad de pensamiento sobre todas las cuestiones, las convicciones personales y el compromiso con la religión o las creencias, ya se manifiesten a título individual o en comunidad con otras personas».

Además de esta Observación, merece la pena destacarse igualmente la Declaración sobre la eliminación de todas las formas de intolerancia y discriminación fundadas en la religión o las convicciones de la Asamblea General de la ONU, de 25 de noviembre de 1981, en cuyo artículo 6 se relaciona el conjunto de libertades que comprende el derecho de libertad religiosa y se hace hincapié no solo en la dimensión personal del derecho, sino también en su dimensión comunitaria.

Finalmente, en este marco internacional hay que destacar el Convenio para la Protección de los Derechos Humanos y de las Libertades Fundamentales, hecho en Roma el 4 de noviembre de 1950 (Convenio de Roma), de importancia nuclear por la tarea jurisprudencial que de su aplicación y en la determinación del alcance de la libertad religiosa efectúa su máxime intérprete, que es el Tribunal Europeo de Derechos Humanos. Su artículo 9.1, en la determinación de su contenido, nos señala que la libertad de religión: «(…) implica la libertad de cambiar de religión o de convicciones, así como la libertad de manifestar su religión o sus convicciones individual o colectivamente, en público o en privado, por medio del culto, la enseñanza, las prácticas y la observancia de los ritos».

b) La jurisprudencia

Además de los textos legales internacionales, podemos también acudir a la jurisprudencia, tanto nacional como internacional, para ayudarnos a comprender el contenido de la libertad religiosa. Acudimos, como referencias entre todas ellas, en primer lugar al ámbito nacional con mención a las sentencias del Tribunal Constitucional 46/2001, de 15 de febrero; 141/2000, de 29 de mayo; y 101/2004, de 2 de junio[4].

i) Sentencia del Tribunal Constitucional 46/2001, de 15 de febrero

En la sentencia 46/2001, la doctrina constitucional sobre el contenido esencial del derecho de libertad religiosa se concreta esquemáticamente en los siguientes términos:

a. El derecho de libertad religiosa posee una dimensión interna que, a su vez, tiene:

1. Una faceta o dimensión positiva (artículo 16.1 de la Constitución): como ámbito de libertad y una esfera de *agere licere* con plena inmunidad de coacción del Estado o terceros.

---

4 Otras sentencias son, por ejemplo, la 24/1982, de 13 de mayo, y la 177/1996, de 11 de noviembre.

2. Una faceta o dimensión negativa (artículo 16.2 de la Constitución): que reconoce el derecho a no declarar sobre las propias convicciones.

b. Dado que la libertad religiosa no se agota en la protección frente a injerencias externas de una esfera de libertad individual o colectiva que permite a los ciudadanos actuar con arreglo al credo que profesen[5], la libertad religiosa posee además una dimensión externa, entendida como posibilidad de ejercicio inmune de todas las manifestaciones o expresión del fenómeno religioso (contenidas en el artículo 2 de la LOLR).

Esta dimensión externa, a juicio de la doctrina constitucional, exigirá, a su vez, de los poderes públicos: 1) una actitud positiva ante el fenómeno religioso, de carácter prestacional (artículo 2.3 de la LOLR); 2) un deber de cooperación, derivado de la actitud positiva, de los poderes públicos con las confesiones religiosas (artículo 16.3 de la Constitución) como expresión del ejercicio colectivo del derecho de religión.

ii) Sentencia del Tribunal Constitucional 141/2000, de 29 de mayo

Interesa reseñar esta sentencia, en la medida en que conecta el contenido de la libertad religiosa con el principio de igualdad, al señalar que:

> La libertad de creencias, sea cual sea su naturaleza, religiosa o secular, representa el reconocimiento de un ámbito de actuación constitucionalmente inmune a la coacción estatal garantizado por el artículo 16 de la Constitución, «sin más limitación, en sus manifestaciones, que las necesarias para el mantenimiento del orden público protegido por la ley». Ampara, pues, un *agere licere* consistente, por lo que ahora importa, en profesar las creencias que se desee y conducirse de acuerdo con ellas, así como mantenerlas frente a terceros y poder hacer proselitismo de las mismas. Esa facultad constitucional tiene una particular manifestación en el derecho a no ser discriminado por razón de credo o religión, de modo que las diferentes creencias no pueden sustentar diferencias de trato jurídico (SSTC 1/1981, de 26 de enero, FJ 5; AATC 271/1984, de 9 de mayo; 180/1986, de 21 de febrero; 480/1989, de 2 de octubre; 40/1999, de 22 de febrero; STEDH caso Hoffmann, §33 y 36, por remisión del §38).

---

5 Vid. sentencias del Tribunal Constitucional 19/1985, de 13 de febrero, 120/1990, de 27 de junio, y 63/1994, de 28 de febrero, entre otras.

iii) Sentencia del Tribunal Constitucional 101/2004, de 2 de junio

Tomando como punto de partida esta doctrina, el Tribunal Constitucional[6], en la sentencia 101/2004, avanza en la determinación del contenido de la libertad religiosa y, así, en la determinación de su contenido esencial del derecho de libertad, distingue, en cuanto este constituye un principio informador del derecho eclesiástico del Estado, una dimensión objetiva, y en cuanto derecho subjetivo, una doble dimensión interna y externa:

a. En cuanto derecho subjetivo presenta una doble dimensión:

   1. Interna, que garantiza la existencia de un claustro íntimo de creencias y, por tanto, un espacio de autodeterminación intelectual ante el fenómeno religioso, vinculado a la propia personalidad y dignidad individual.

   2. Externa o, como señala el Tribunal, de *agere licere,* que faculta a los ciudadanos para actuar con arreglo a sus propias convicciones y mantenerlas frente a terceros[7].

Y señala que estos reconocimientos o facultades lo son «con plena inmunidad de coacción del Estado o de cualesquiera grupos sociales[8], y se complementa, en su dimensión negativa, por la prescripción del artículo 16.2 de la Constitución de que «nadie podrá ser obligado a declarar sobre su ideología, religión o creencias».

b. En cuanto principio informador, comporta una doble exigencia:

   1. La de neutralidad de los poderes públicos, ínsita en la aconfesionalidad del Estado (artículo 16.1 de la Constitución)[9].

   2. La del mantenimiento de relaciones de cooperación de los poderes públicos con las diversas iglesias (artículo 16.3 de la Constitución). Y ello en la medida en que, según el Tribunal[10]:

El art. 16.3 de la Constitución, tras formular una declaración de neutralidad, considera el componente religioso perceptible en la sociedad española y ordena a los poderes públicos mantener las consiguientes relaciones de cooperación con la Iglesia Católica y las demás confesiones, introduciendo

---

6 Vid. sentencia del Tribunal Constitucional 154/2002, de 18 de julio.

7 Vid. sentencias del Tribunal Constitucional 19/1985, de 13 de febrero, FJ2; 120/1990, de 27 de junio, FJ10; y 137/1990, de 19 de julio, FJ8.

8 Vid. sentencias del Tribunal Constitucional 46/2001, de 15 de febrero, FJ4, y, en el mismo sentido, las sentencias 24/1982, de 13 de mayo, y 166/1996, de 28 de octubre.

9 Vid. sentencia del Tribunal Constitucional 340/1993, de 16 de noviembre.

10 Vid. sentencias del Tribunal Constitucional 46/2001, de 15 de febrero, FJ4, y 177/1996, de 11 de noviembre.

de este modo una idea de aconfesionalidad o laicidad positiva que veda cualquier tipo de confusión entre funciones religiosas y estatales.

Avanzando en esta delimitación del contenido del derecho de libertad religiosa, importa señalar que presenta una proyección individual y una no menos importante dimensión comunitaria. Esta dimensión comunitaria constituye una característica propia de la libertad religiosa, que tiene un reconocimiento explícito en los textos legales, como así ocurre en nuestra Constitución y ha puesto de relieve el propio Tribunal Constitucional al señalar que «la Constitución española reconoce la libertad religiosa, garantizándola tanto a los individuos como a las comunidades, "sin más limitación, en sus manifestaciones, que la necesaria para el mantenimiento del orden público protegido por la ley"» (artículo 16.1 de la Constitución)[11].

El propio Tribunal Constitucional, en su sentencia 46/2001, de 15 de febrero, ha reiterado esta dimensión comunitaria de la libertad religiosa, diferenciándola en la titularidad de este derecho fundamental de otras formas de agrupación de personas como son las asociaciones civiles, al afirmar que:

> La propia formulación constitucional de este derecho permite afirmar que las comunidades con finalidad religiosa, en su estricta consideración constitucional, no se identifican necesariamente con las asociaciones a que se refiere el art. 22 de la Constitución. Una comunidad de creyentes, iglesia o confesión no precisa formalizar su existencia como asociación para que se le reconozca la titularidad de su derecho fundamental a profesar un determinado credo, pues ha de tenerse en cuenta que la Constitución garantiza la libertad religiosa «sin más limitación, en sus manifestaciones, que la necesaria para el mantenimiento del orden público protegido por la ley» (art. 16.1 CE). Por ello mismo, como derecho de libertad, la libertad religiosa no está sometida a más restricciones que las que puedan derivarse de la citada cláusula de orden público prevista en el propio art. 16.1 de la Constitución.

En suma, una de las características propias del contenido del derecho de libertad religiosa, a diferencia de otros derechos fundamentales, es su dimensión comunitaria e institucional.

iv) Sentencia del TEDH dictada en el caso Kokkinakis contra Grecia, de 25 de mayo de 1993

Por su parte, la jurisprudencia emanada del Tribunal Europeo de Derechos Humanos (TEDH), en aplicación del artículo 9 del Convenio

---

11 Por todas, la sentencia del Tribunal Constitucional 101/2004, de 2 de junio, FJ3.

Europeo de Derechos Humanos, también ha servido, en sus funciones de control judicial de su cumplimiento por parte de los Estados firmantes, de forma muy notable y con carácter general, a la consolidación de los derechos humanos en el ámbito europeo en general (Motilla de la Calle, 2021: 6) y a la determinación, en particular, del contenido de la libertad religiosa.

En este ámbito, es importante, por ejemplo, tener presente la sentencia del TEDH dictada en el caso Kokkinakis contra Grecia, de 25 de mayo de 1993. La sentencia es importante por cuanto constituye una de las primeras sentencias que se pronuncian por el Tribunal Europeo de Derechos Humanos en esta materia contenida en el artículo 9 del Convenio de Roma, que, como ya hemos dicho, actúa como organismo judicial de control frente a posibles violaciones de los derechos reconocidos en el Convenio Europeo de Derechos Humanos, sirviendo como elemento interpretativo de las decisiones legislativas y decisivo respecto de las decisiones de los órganos jurisdiccionales nacionales de los Estados que forman parte del Convenio.

En este sentido, es importante su posición al sostener la importancia de la libertad religiosa en su vertiente individual y, en particular, las manifestaciones externas guiadas por las convicciones religiosas frente a los poderes públicos; es muy interesante el análisis que efectúa de las condiciones para la legitimidad del proselitismo como una de las manifestaciones más típicamente propias de la libertad religiosa (Arlettaz, 2012: 209-224). Así, podemos extraer de ella un conjunto de principios generales que se pueden concretar en los siguientes:

1. Para el TEDH, la importancia de la libertad de religión es tal que «constituye una de las bases de una sociedad democrática» a la luz de propio Convenio Europeo de Derechos Humanos. Y, así, continúa el Tribunal de Estrasburgo:

   Figura en su dimensión religiosa entre los elementos más esenciales de la identidad de los creyentes y de su concepción de la vida, pero es también un bien precioso para los ateos, los agnósticos, los escépticos o los indiferentes. Es una manifestación del pluralismo claramente conquistado en el curso de siglos, consubstancial a nuestra sociedad.

2. La libertad religiosa es también libertad para «manifestar la religión». Los testimonios, en palabras y actos, se encuentran ligados a la existencia de las propias convicciones religiosas.

3. Y, así, avanzando en las dimensiones de esta libertad, al compás de los términos del artículo 9 del Convenio, señala que, junto a la vertiente individual de manifestar la religión, se configura también una vertiente colectiva que: «no se ejerce únicamente "en público" y en el círculo de los que comparten la misma fe; sino también "individualmente" y "en privado"».

4. En consecuencia, para el TEDH, esta vertiente «implica, en principio, el derecho de intentar convencer al prójimo, por ejemplo, por medio de una "enseñanza", sin que "la libertad de cambiar de religión o de convicción" consagrada por el artículo 9, tenga que quedar en letra muerta».

5. En una sociedad democrática, donde muchas religiones coexisten en el seno de una misma población, puede ser necesario que dicha libertad sufra limitaciones derivadas de la necesidad de conciliar los intereses de diversos grupos y de asegurar el respeto a las convicciones de todos.

Junto a esta sentencia, la jurisprudencia de Estrasburgo nos ha ido ayudando a conformar el contenido de la libertad religiosa y, así, podemos señalar algunos principios en este sentido:

1. Que la libertad religiosa afecta a la identidad de todo ser humano, amparando la concepción de la vida y de la existencia que cualquiera tenga (asunto Larissis contra Grecia, de 24 de febrero de 1998).

2. Que la libertad religiosa constituye una de las bases sobre las que se asienta la convivencia pluralista en una sociedad democrática, haciéndola merecedora de una adecuada protección (asunto Otto-Preminger-Institut contra Austria, de 20 de septiembre de 1994).

3. Que este derecho supone la libertad de adherirse o no a determinadas creencias y a practicarlas o no, sin injerencias externas (asunto Buscarini y otros contra San Marino, de 18 de febrero de 1999).

4. Que el Estado no tiene competencia para decidir qué debe creer o no una persona, ni adoptar medidas coercitivas para que manifieste sus creencias, ni obligar a actuar conforme o en contra de ellas, ni mucho menos a discriminar por ellas (asunto Alexandridis contra Grecia, de 21 de febrero de 2008).

5. Que el Estado no debe expresar opiniones acerca de las creencias ni de su legitimidad (asunto Ivanova contra Bulgaria, de 12 de abril de 2007).

c) La Ley Orgánica 7/1980, de 5 de julio, de Libertad Religiosa

Por su parte, el legislador español vino a desarrollar el contenido esencial de este derecho mediante la Ley Orgánica 7/1980, de 5 de julio, de Libertad Religiosa (LOLR). En particular, la ley dedica el artículo 2.1 a especificar cuál es el núcleo o contenido esencial, en su vertiente individual, de este derecho, al determinar que la libertad religiosa y de culto garantizada por la Constitución comprende, con la consiguiente inmunidad de coacción, el derecho de toda persona a:

> a) Profesar las creencias religiosas que libremente elija o no profesar ninguna; cambiar de confesión o abandonar la que tenía; manifestar libremente sus propias creencias religiosas o la ausencia de las mismas, o abstenerse de declarar sobre ellas.

> b) Practicar los actos de culto y recibir asistencia religiosa de su propia confesión; conmemorar sus festividades, celebrar sus ritos matrimoniales; recibir sepultura digna, sin discriminación por motivos religiosos, y no ser obligado a practicar actos de culto o a recibir asistencia religiosa contraria a sus convicciones personales.

> c) Recibir e impartir enseñanza e información religiosa de toda índole, ya sea oralmente, por escrito o por cualquier otro procedimiento; elegir para sí, y para los menores no emancipados e incapacitados, bajo su dependencia, dentro y fuera del ámbito escolar, la educación religiosa y moral que esté de acuerdo con sus propias convicciones.

> d) Reunirse o manifestarse públicamente con fines religiosos y asociarse para desarrollar comunitariamente sus actividades religiosas de conformidad con el ordenamiento jurídico general y lo establecido en la presente Ley Orgánica.

Por su parte, en los artículos 2.2 y 6 se especifica el núcleo o contenido esencial, en su vertiente colectiva o comunitaria, al señalar que:

> Art. 2.2. Asimismo comprende el derecho de las Iglesias, Confesiones y Comunidades religiosas a establecer lugares de culto o de reunión con fines religiosos, a designar y formar a sus ministros, a divulgar y propagar su propio credo, y a mantener relaciones con sus propias organizaciones o con otras confesiones religiosas, sea en territorio nacional o en el extranjero.

> Art. 6. Uno. Las Iglesias, Confesiones y Comunidades religiosas inscritas tendrán plena autonomía y podrán establecer sus propias normas de organización, régimen interno y régimen de su personal. En dichas normas, así como en las que regulen las instituciones creadas por aquéllas para la realización de sus fines, podrán incluir cláusulas de salvaguarda de su identidad religiosa y carácter propio, así como del debido respeto a sus creencias,

sin perjuicio del respeto de los derechos y libertades reconocidos por la Constitución, y en especial de los de libertad, igualdad y no discriminación.

Dos. Las Iglesias, Confesiones y Comunidades religiosas podrán crear y fomentar, para la realización de su fines, Asociaciones, Fundaciones e Instituciones con arreglo a las disposiciones del ordenamiento jurídico general.

1.3. MANIFESTACIONES

Las proyecciones del contenido propio de la libertad religiosa se concretan en lo que podemos denominar sus manifestaciones y que vemos a continuación. De lo dicho anteriormente, podemos afirmar, como hace Martí Sánchez (2015: 113), que nos encontramos ante una libertad cuyo contenido es desbordante: «la libertad religiosa es un derecho con varias vías de manifestación (libertades asociadas) y un rico contenido (abstención, participación, prestación)».

Abordar el estudio de las manifestaciones del derecho a la libertad religiosa pasa entonces por analizar el elenco de posibilidades de actuación que individual o colectivamente hacen posible la efectividad de ese derecho. Es más, según el Tribunal Constitucional[12], la determinación del contenido esencial de cualquier tipo de derecho subjetivo –también de los derechos fundamentales de las personas– viene marcada en cada caso por el elenco de:

facultades o posibilidades de actuación necesarias para que el derecho sea recognoscible como perteneciente al tipo descrito y sin las cuales deja de pertenecer a ese tipo y tiene que pasar a quedar comprendido en otro, desnaturalizándose, por decirlo así. Todo ello referido al momento histórico de que en cada caso se trata y a las condiciones inherentes en las sociedades democráticas, cuando se trate de derechos constitucionales.

Por su parte, Salinas Mengual (2020: 68) conecta las manifestaciones protegidas en el anteriormente citado artículo 2 de la LOLR con las previstas en el artículo 6 de la Declaración sobre la eliminación de todas las formas de intolerancia y discriminación fundadas en la religión o las convicciones de la Asamblea General de la ONU, que establece que:

De conformidad con el artículo 1 de la presente Declaración y sin perjuicio de lo dispuesto en el párrafo 3 del artículo 1, el derecho a la libertad de pensamiento, de conciencia, de religión o de convicciones comprenderá, en particular, las libertades siguientes:

---

12 Vid. sentencia 7/1987, de 26 marzo.

a) La de practicar el culto o de celebrar reuniones en relación con la religión o las convicciones, y de fundar y mantener lugares para esos fines;

b) La de fundar y mantener instituciones de beneficencia o humanitarias adecuadas;

c) La de confeccionar, adquirir y utilizar en cantidad suficiente los artículos y materiales necesarios para los ritos o costumbres de una religión o convicción;

d) La de escribir, publicar y difundir publicaciones pertinentes en esas esferas;

e) La de enseñar la religión o las convicciones en lugares aptos para esos fines;

f) La de solicitar y recibir contribuciones voluntarias financieras y de otro tipo de particulares e instituciones;

g) La de capacitar, nombrar, elegir y designar por sucesión los dirigentes que correspondan según las necesidades y normas de cualquier religión o convicción;

h) La de observar días de descanso y de celebrar festividades y ceremonias de conformidad con los preceptos de una religión o convicción;

i) La de establecer y mantener comunicaciones con individuos y comunidades acerca de cuestiones de religión o convicciones en el ámbito nacional y en el internacional.

Palomino Lozano (2015: 55) fija así el conjunto de las proyecciones del contenido de la libertad religiosa a través de tres ámbitos principales: creencias, culto y actuación conforme a dichas creencias. A cada ámbito asigna diferentes facultades:

a. El ámbito de las creencias comprende las siguientes manifestaciones:

Profesar las creencias religiosas que libremente elija o no profesar ninguna; cambiar de confesión o abandonar la que tenía; manifestar libremente sus propias creencias religiosas o la ausencia de las mismas, o abstenerse de declarar sobre ellas.

b. El ámbito del culto comprendería las siguientes:

Practicar los actos de culto y recibir asistencia religiosa de su propia confesión; celebrar sus ritos matrimoniales; recibir sepultura digna, sin discriminación por motivos religiosos, y no ser obligado a practicar actos de culto o a recibir asistencia religiosa contraria a sus convicciones personales; establecer lugares de culto o de reunión con fines religiosos; confeccionar, adquirir y utilizar en cantidad suficiente los artículos y materiales necesarios para los ritos o costumbres de una religión o convicción.

c. Y el ámbito de actuación conforme a las propias creencias comprendería las de:

Elegir para sí, y para los menores no emancipados bajo su dependencia, dentro y fuera del ámbito escolar, la educación religiosa y moral que esté de acuerdo con sus propias convicciones; fundar y mantener instituciones de beneficencia o humanitarias adecuadas; observar días de descanso y festividades de conformidad con los preceptos de una religión o convicción; escribir, publicar y difundir publicaciones pertinentes en esas esferas; asociarse para desarrollar comunitariamente actividades religiosas; enseñar la religión o las convicciones; solicitar y recibir contribuciones voluntarias financieras y de otro tipo de particulares e instituciones; capacitar, nombrar, elegir y designar por sucesión a los dirigentes que correspondan según las necesidades y normas de cualquier religión o convicción; mantener relaciones con sus propias organizaciones o con otras confesiones religiosas, sea en territorio nacional o en el extranjero; reunirse o manifestarse públicamente con fines religiosos.

Otros autores, como Rodríguez Blanco (2018: 78), llevan a cabo un elenco de dichas manifestaciones, agrupándolas en función de si responden a la dimensión individual o a la colectiva de la libertad religiosa. En este sentido, tendríamos estos dos grandes grupos:

a. Dimensión individual: derecho a profesar las creencias libremente elegidas o a no profesar ninguna; a cambiar de creencias; a manifestar las creencias profesadas; a no declarar sobre las creencias profesadas; a recibir asistencia religiosa; a conmemorar las festividades religiosas; a celebrar los ritos matrimoniales; a recibir sepultura digna; a elegir para sí y para los menores no emancipados e incapacitados bajo su dependencia la educación religiosa y moral que esté de acuerdo con sus propias convicciones; y a asociarse para desarrollar comunitariamente actividades religiosas.

b. Dimensión colectiva: derecho a establecer lugares de culto o de reunión con fines religiosos; a designar y formar ministros de culto; a divulgar y propagar el propio credo; y a mantener relaciones con las propias organizaciones o con otras confesiones religiosas.

Nos detenemos en particular para analizar alguna de las manifestaciones en concreto.

1.3.1. Derecho a profesar las creencias libremente elegidas, a no profesar ninguna o a cambiar las mismas

El derecho a profesar las creencias libremente elegidas, a no profesar ninguna o a cambiar las mismas constituye el elemento central del contenido de la libertad religiosa. Forma parte de su núcleo central, a partir del cual se decantan las facultades inherentes a esta libertad. En este sentido, no pueden ser objeto de limitación alguna y este carácter nuclear hace que aparezcan especialmente protegidas en todos los textos internacionales. El artículo 18 del Pacto Internacional de Derechos Civiles y Políticos de 1966 se refiere a este contenido de la libertad religiosa cuando señala, en su apartado 1.º, que el derecho a la libertad de religión «incluye la libertad de tener o de adoptar la religión o las creencias de su elección», y en el apartado 2.º señala igualmente la inmunidad de coacción en este ámbito interno de la persona, al afirmar que «nadie será objeto de medidas coercitivas que puedan menoscabar su libertad de tener o de adoptar la religión o las creencias de su elección». Este artículo 18 fue objeto de concreción, como hemos tenido ocasión de ver con anterioridad, en el artículo 18.2 de la Observación General n.º 22 del Comité de Derechos Humanos de Naciones Unidas al señalar este aspecto positivo y negativo del acto personal de cada uno respecto de la religión, es decir, de creer o no creer, cuando indica que: «el artículo 18 protege las creencias teístas, no teístas y ateas, así como el derecho a no profesar ninguna religión o creencia. Los términos "creencias" y "religión" deben entenderse en sentido amplio».

Es más, en términos de los tratados internacionales, la libertad religiosa, en cuanto derecho a profesar creencias o no, va más allá del concepto tradicional, al señalarse expresamente que: «El artículo 18 no se limita en su aplicación a las religiones tradicionales o a las religiones y creencias con características o prácticas institucionales análogas a las de las religiones tradicionales». Respecto de la posibilidad de cambiar de creencias[13], el artículo 18.2 de la citada Observación señala que:

> La libertad de «tener o adoptar» una religión o unas creencias comporta forzosamente la libertad de elegir la religión o las creencias, comprendido el derecho a cambiar las creencias actuales por otras o adoptar opiniones ateas, así como el derecho a mantener la religión o las creencias propias.

Por otra parte, el artículo 9.1 del Convenio Europeo de Derechos Humanos contempla el cambio de creencias como uno de los contenidos

---

13 El Tribunal Constitucional ya señaló precisamente que la libertad religiosa implica la posibilidad de cambiar de creencias religiosas, en su auto de inadmisión 617/1984, de 31 de octubre.

propios de la libertad religiosa al señalar que: «este derecho implica la libertad de cambiar de religión o de convicciones». El Tribunal Europeo de Derechos Humanos, en su sentencia del caso Kokkinakis contra Grecia[14], ya tuvo la ocasión de conectar el derecho a cambiar de religión con el derecho a manifestar las propias creencias, entendido como derecho a intentar convencer al prójimo, a través de su análisis del proselitismo y los parámetros de su legalidad, pues, a juicio del Tribunal: «en los términos del artículo 9, la libertad de manifestar la religión (…) implica en principio, el derecho de intentar convencer al prójimo, por ejemplo por medio de una "enseñanza", sin que "la libertad de cambiar de religión o de convicción" consagrada por el artículo 9, tenga que quedar en letra muerta».

Es importante señalar que en la sentencia del caso Kokkinakis el Tribunal Europeo de Derechos Humanos sentó doctrina acerca de la legitimidad del proselitismo, considerado como una de las manifestaciones propias de la libertad religiosa. Para el Tribunal, las creencias religiosas son decisión del propio individuo y, como tales, quedan dentro del ámbito de lo que el Estado no puede valorar. El Tribunal entiende que el proselitismo es una actividad lícita en el marco de la libertad religiosa, y que prohibirlo o castigar a quienes lo realizan significa no confiar en las capacidades de los ciudadanos para elegir sus propias creencias. Una interpretación adecuada de la libertad religiosa no puede restringir la actividad proselitista de los grupos religiosos, porque ello supondría privar al individuo adulto y competente de decidir sobre sus creencias religiosas, reemplazando su punto de vista por la decisión estatal acerca de cuáles son las creencias más convenientes (Arlettaz, 2012: 215).

Ahora bien, dicho lo anterior, el Tribunal señala que un Estado democrático debe asegurar también el goce de las libertades individuales de los que habitan en su territorio. En particular, debe tener la capacidad de proteger la conciencia religiosa y la dignidad de una persona contra las tentativas de influencia por medios inmorales y engañosos, porque, de lo contrario, el artículo 9 del Convenio de Roma se encontraría en la práctica privado de todo su valor. Por ello, cuando se plantea la restricción de la posibilidad de convencer al prójimo, ya que, por lo dicho, puede ser una medida necesaria en una sociedad democrática, el Tribunal señala que es imprescindible distinguir el testimonio cristiano, que se trataría de un proselitismo legítimo, del proselitismo abusivo, que no estaría amparado por el artículo 9 del Convenio de Roma por cuanto

---

14 Aptdo. 31.

se sostiene en métodos que no se concilian con el respeto debido a la libertad de pensamiento, de conciencia y de religión de los demás. De este modo, los distinguirá en los siguientes términos:

> El primero corresponde a la verdadera evangelización, que en una relación elaborada en 1956, en el seno del Consejo ecuménico de las Iglesias, es considerado como «misión esencial» y «responsabilidad de cada cristiano y de cada Iglesia». El segundo representa la corrupción o deformación del primero. Puede consistir en ofrecer ventajas materiales o sociales para conseguir adeptos a una Iglesia, o en presionar de manera abusiva a las personas en situación de necesidad, o en el recurso a la violencia o al «lavado de cerebro»; se trata de métodos que no se concilian con el respeto debido a la libertad de pensamiento, de conciencia y de religión de los demás.

Por último, cabe señalarse que este derecho a profesar creencias libremente o a no profesarlas formaría parte de aquella dimensión interna o claustro íntimo de creencias a que se refiere la doctrina del Tribunal Constitucional y aparece igualmente reconocido en la propia LOLR, en cuyo artículo 2.1.a) se señala como parte de la libertad religiosa el derecho de toda persona a: «profesar las creencias religiosas que libremente elija o no profesar ninguna; cambiar de confesión o abandonar la que tenía».

1.3.2. Derecho a manifestar las creencias profesadas o a no declarar sobre las mismas

El derecho a manifestar las creencias profesadas o a no declarar sobre las mismas es otro de los elementos centrales del contenido de la libertad religiosa. Nos encontramos aquí con aquella dimensión externa de la libertad religiosa en cuanto derecho subjetivo, una facultad que el Tribunal Constitucional[15], como hemos tenido ocasión de ver, denomina de *agere licere* y que faculta a los ciudadanos para actuar con arreglo a sus propias convicciones y mantenerlas frente a terceros[15] con plena inmunidad de coacción del Estado o de cualesquiera grupos sociales[17], y que se complementa por la prescripción del artículo 16.2 de la Constitución de que nadie podrá ser obligado a declarar sobre su ideología, religión o creencias. Se trata de la facultad de conducirte externamente en tu vida conforme con las creencias libremente adoptadas, sin que ningún

---

15 Vid. Sentencia del Tribunal Constitucional 101/2004, de 2 de junio.

16 Vid. sentencias del Tribunal Constitucional 19/1985, de 13 de febrero, FJ2; 120/1990, de 27 de junio, FJ10; y 137/1990, de 19 de julio, FJ8.

17 Vid. sentencias del Tribunal Constitucional 46/2001, de 15 de febrero, FJ4, y, en el mismo sentido, 24/1982, de 13 de mayo, y 166/1996, de 28 de octubre.

tercero coaccione tal facultad. Es verdad que esta facultad, a diferencia del contenido anterior, sí puede estar, como veremos, sujeta a limitaciones por razones de orden público.

Este contenido aparece igualmente reflejado en los textos internacionales. Así, el artículo 9.1 del Convenio Europeo de Derechos Humanos señala que la libertad religiosa comprende: «la libertad de manifestar su religión o sus convicciones individual o colectivamente, en público o en privado», y concreta los ámbitos de esas manifestaciones al indicar que lo son «por medio del culto, la enseñanza, las prácticas y la observancia de los ritos». En similares términos se pronuncian los artículos 18 de la Declaración Universal de Derechos Humanos y del Pacto Internacional de Derechos Civiles y Políticos de la ONU (PIDCyP), así como el artículo 1 de la Declaración de la Asamblea General de la ONU sobre la eliminación de todas las formas de intolerancia y discriminación fundadas en la religión o las convicciones[18].

Nuestra LOLR contempla expresamente este derecho en su artículo 2.1.a) al señalar que la libertad religiosa comprende el derecho de toda persona, con inmunidad de coacción, a «manifestar libremente sus propias creencias religiosas o la ausencia de las mismas, o abstenerse de declarar sobre ellas».

1.3.3. Practicar actos de culto confesionales, recibir asistencia religiosa y conmemorar las festividades religiosas

Por su parte, las facultades de practicar los actos de culto confesionales, recibir asistencia religiosa de la propia confesión, conmemorar las festividades religiosas propias, celebrar ritos matrimoniales conforme a la propia confesión, así como recibir sepultura digna conforme a la propia religión, constituyen un conjunto de facultades igualmente reconocidas en los tratados internacionales[19] y en la normativa interna como parte integrante del conjunto de manifestaciones propias de la libertad religiosa. Igualmente, la LOLR recoge este conjunto de facultades en su artículo 2.1.b) al señalar como parte integrante del derecho a la libertad religiosa:

> practicar los actos de culto y recibir asistencia religiosa de su propia confesión; conmemorar sus festividades, celebrar sus ritos matrimoniales; recibir sepultura digna, sin discriminación por motivos religiosos, y no ser obligado a practicar actos de culto o a recibir asistencia religiosa contraria a sus convicciones personales.

---

18 Asamblea General de Naciones Unidas, 25 de noviembre de 1981.

19 Puede verse un análisis de la jurisprudencia del TEDH en las materias de festividades religiosas y descanso semanal en Motilla de la Calle (2021).

Todo ello con el reforzamiento en este ámbito de la dimensión negativa de esta libertad, es decir, el derecho a no ser obligado a práctica de culto o recibir asistencia religiosa de confesión alguna en contra de la propia voluntad.

Puesto que el concepto de acto de culto depende de cada religión, lo que hace difícil su concreción en términos generales, podemos acudir para su delimitación a la ya citada Observación General n.º 22 del Comité de Derechos Humanos sobre el artículo 18 relativo a la libertad de pensamiento, de conciencia y de religión del PIDCyP, cuyo número 4 nos ayuda a concretar un concepto de culto lo suficientemente amplio para englobar en él la mayor parte de este tipo de manifestaciones, al señalar que:

> se extiende a los actos rituales y ceremoniales con los que se manifiestan directamente las creencias, así como a las diversas prácticas que son parte integrante de tales actos, comprendidos la construcción de lugares de culto, el empleo de fórmulas y objetos rituales, la exhibición de símbolos y la observancia de las fiestas religiosas y los días de asueto.

Más allá de esta conceptualización, el concepto se amplía a otras costumbres religiosas fuera de las meramente ceremoniales, al señalarse en la Observación que:

> La observancia y la práctica de la religión o de las creencias pueden incluir no sólo actos ceremoniales sino también costumbres tales como la observancia de normas dietéticas, el uso de prendas de vestir o tocados distintivos, la participación en ritos asociados con determinadas etapas de la vida, y el empleo de un lenguaje especial que habitualmente sólo hablan los miembros del grupo.

El derecho a recibir asistencia religiosa de la propia confesión se hace efectivo a través del conjunto de medidas que adoptan los poderes públicos para garantizar a las personas que se encuentran en condiciones que les impiden o dificultan notablemente atender sus necesidades religiosas con normalidad (internos en prisión, militares y enfermos hospitalizados, por ejemplo), por situaciones personales o de especial sujeción, a recibir asistencia espiritual. La concreción de este derecho en el ámbito nacional viene de la mano de los acuerdos de cooperación de 1992 entre el Estado y las confesiones religiosas minoritarias, aprobados por las respectivas leyes orgánicas (24, 25 y 26/1992, de 10 de noviembre); en concreto, en sus artículos 8 y 9. Respecto de la Iglesia católica, se hace preciso remitirnos al artículo IV del Acuerdo entre el Estado español y la

Santa Sede, de 3 de enero de 1979, sobre Asuntos Jurídicos, y al Acuerdo sobre Asistencia Religiosa a las Fuerzas Armadas, de 3 de enero de 1979. El citado artículo IV señala que:

> 1) El Estado reconoce y garantiza el ejercicio del derecho a la asistencia religiosa de los ciudadanos internados en establecimientos penitenciarios, hospitales, sanatorios, orfanatos y centros similares, tanto privados como públicos.

> 2) El régimen de asistencia religiosa católica y la actividad pastoral de los centros mencionados que sean de carácter público serán regulados de común acuerdo entre las competentes autoridades de la Iglesia y del Estado. En todo caso, quedará salvaguardado el derecho a la libertad religiosa de las personas y el debido respeto a sus principios religiosos y éticos.

El derecho a celebrar las festividades religiosas aparece también recogido en la normativa internacional. Así, el artículo 6.1.h) de la Declaración sobre la eliminación de todas las formas de intolerancia y discriminación fundadas en la religión o las convicciones incluye dentro del derecho de libertad de pensamiento, de conciencia, de religión o de convicciones, en particular, la libertad siguiente: «la de observar días de descanso y de celebrar festividades y ceremonias de conformidad con los preceptos de una religión o convicción». De igual forma, el punto 4 de la Observación General n.º 22 del Comité de Derechos Humanos sobre el artículo 18 del PIDCyP incluye dentro del concepto de culto protegido por la libertad religiosa la observancia de las fiestas religiosas y los días de asueto.

Este derecho tiene especial incidencia en el ámbito laboral y en el educativo. En el ámbito laboral se hace preciso conciliar los derechos del empresario y los del trabajador. Así, la legislación ha tratado de armonizar ambos derechos para garantizar por parte del empresario el respeto de los derechos del trabajador en lo que a la observancia de las fiestas religiosas se refiere.

Para la Iglesia católica, el artículo III del Acuerdo entre el Estado español y la Santa Sede sobre asuntos jurídicos, de 3 de enero de 1979, establece que: «el Estado reconoce como días festivos todos los domingos. De común acuerdo se determinará qué otras festividades religiosas son reconocidas como días festivos». Junto a este reconocimiento del descanso dominical propio de la Iglesia católica, el vigente artículo 45 uno, letras c) y d), del Real Decreto 2001/1983, de 28 de julio, establece en cumplimiento de dicho artículo III las fiestas laborales de ámbito nacional, de carácter retribuido y no recuperable, dentro de las 14 previstas en el artículo 37.2 del Real Decreto 2/2015, de 23 de octubre (Estatuto de los Trabajadores), y establece que:

las fiestas laborales, que tendrán carácter retribuido y no recuperable, no podrán exceder de catorce al año, de las cuales dos serán locales. En cualquier caso se respetarán como fiestas de ámbito nacional las de la Natividad del Señor, Año Nuevo, 1 de mayo, como Fiesta del Trabajo, y 12 de octubre, como Fiesta Nacional de España.

Son las siguientes: 15 de agosto, Asunción de la Virgen; 1 de noviembre, Todos los Santos; 8 de diciembre, Inmaculada Concepción; Viernes Santo; Jueves Santo; 6 de enero, Epifanía del Señor; 19 de marzo, san José; y 25 de julio, Santiago Apóstol[20].

El descanso semanal previsto para todos los trabajadores en el artículo 37.1 del Estatuto de los Trabajadores de día y medio, y que, como regla general, debe comprender el día completo del domingo y el sábado por la tarde o el lunes por la mañana, responde a las plenas exigencias del artículo III del citado Acuerdo entre el Estado español y la Santa Sede para los católicos. Sin embargo, respecto de otras confesiones, como evangélicos o musulmanes, ha generado algún conflicto al no respetar ciertas festividades propias, lo que podría suponer un trato discriminatorio respecto de los católicos. No obstante, la jurisprudencia ha venido a establecer el carácter no discriminatorio y secular de este descanso, más allá de sus connotaciones religiosas iniciales. Así, el Tribunal Constitucional, en su sentencia 19/1985, de 13 de febrero, formuló esta cuestión en términos de igualdad, al señalar que:

> El problema tiene, sin embargo, otra variante, cual es si el descanso semanal, instituido, por lo general, en un período que comprende el domingo, tiene o no una conceptuación religiosa que pueda hacer cuestionable que la Ley establezca un régimen favorable para unos creyentes y desfavorable para otros, partiendo de que la libertad religiosa comporta, en aplicación del principio de igualdad, el tratamiento paritario de las distintas confesiones.

Así, para atribuir al descanso dominical la actual consideración secular de carácter neutral respecto de la libertad religiosa, señala:

> Que el descanso semanal corresponda en España, como en los pueblos de civilización cristiana, al domingo, obedece a que tal día es el que por mandato religioso y por tradición se ha acogido en estos pueblos; esto no puede llevar a la creencia de que se trata del mantenimiento de una institución

---

20 El artículo 45.3 establece que: «las Comunidades Autónomas podrán sustituir las fiestas señaladas en el apartado d) del número uno de este artículo por otras que, por tradición, les sean propias. Asimismo, las Comunidades Autónomas podrán también sustituir el descanso del lunes de las fiestas nacionales que coincidan con domingo por la incorporación a la relación de fiestas de la Comunidad Autónoma de otras que les sean tradicionales».

con origen causal único religioso, pues, aunque la cuestión se haya debatido y se haya destacado el origen o la motivación religiosa del descanso semanal, recayente en un período que comprenda el domingo, es inequívoco en el Estatuto de los Trabajadores, y en la precedente (Ley de Relaciones Laborales) y las más anteriores, con la excepción de la Ley de Descanso Dominical de 1940, que el descanso semanal es una institución secular y laboral, que si comprende el «domingo»» como regla general de descanso semanal es porque este día de la semana es el consagrado por la tradición.

Y, una vez establecido este carácter secular, confirma que el descanso configurado en el artículo 37.1 del Estatuto de los Trabajadores tiene carácter dispositivo que remite, en cualquier caso, a la voluntad de las partes, y que, en consecuencia, no puede quedar a la determinación de la voluntad de una de ellas «por muy respetables que sean –y lo son– sus convicciones religiosas»[21].

Así es como el régimen de las festividades religiosas previsto en los tres acuerdos con las confesiones minoritarias de 1992, en sus respectivos artículos 12, contempla el derecho del trabajador a conmemorar sus festividades, pero sujeto al previo acuerdo con el empresario. Para los fieles de la Unión de Iglesias Adventistas del Séptimo Día y de otras iglesias evangélicas, pertenecientes a la Federación de Entidades Religiosas Evangélicas de España, cuyo día de precepto sea el sábado, «podrá comprender, siempre que medie acuerdo entre las partes, la tarde del viernes y el día completo del sábado, en sustitución del que establece el artículo 37.1 del Estatuto de los Trabajadores como regla general». Por su parte, para los fieles de comunidades israelitas pertenecientes a la Federación de Comunidades Judías de España, «podrá comprender, siempre que medie acuerdo entre las partes, la tarde del viernes y el día completo del sábado».

A diferencia de los anteriores, para los miembros de las comunidades islámicas pertenecientes a la Comisión Islámica de España que lo deseen, su acuerdo (artículo 12) contempla la posibilidad de «solicitar la interrupción de su trabajo los viernes de cada semana, día de rezo colectivo obligatorio y solemne de los musulmanes, desde las trece treinta hasta las dieciséis treinta horas, así como la conclusión de la jornada laboral una hora antes de la puesta del sol, durante el mes de ayuno (Ramadán)». Ahora bien, esta posibilidad está sujeta a una doble condición al señalarse que: «en ambos casos, será necesario el previo acuerdo entre las partes. Las horas dejadas de trabajar deberán ser recuperadas sin compensación

---

21 Fundamento jurídico 4.º.

alguna». En consecuencia, no se trata de una alternativa al descanso dominical previsto en el artículo 37.1 del Estatuto de los Trabajadores.

Respecto de las 14 festividades previstas en el Real Decreto 2001/1983, de 28 de julio, los artículos 12.2 de los acuerdos con judíos y musulmanes contemplan la posibilidad de festivos anuales alternativos. Así, el acuerdo con la Comisión Islámica de España señala que:

> Las festividades y conmemoraciones que a continuación se expresan, que según la Ley Islámica tienen el carácter de religiosas, podrán sustituir, siempre que medie acuerdo entre las partes, a las establecidas con carácter general por el Estatuto de los Trabajadores, en su artículo 37.2, con el mismo carácter de retribuidas y no recuperables, a petición de los fieles de las Comunidades Islámicas pertenecientes a la Comisión Islámica de España: AL HIYRA, correspondiente al 1.º de *Muharram,* primer día del Año Nuevo Islámico. ACHURA, décimo día de Muharram. IDU AL-MAULID, corresponde al 12 de *Rabiu al Awwal,* nacimiento del Profeta. AL ISRA WA AL-MI'RAY, corresponde al 27 de *Rayab,* fecha del Viaje Nocturno y la Ascensión del Profeta. IDU AL-FITR, corresponde a los días 1.º, 2.º y 3.º de *Shawwal* y celebra la culminación del Ayuno de Ramadán. IDU AL-ADHA, corresponde a los días 10.º, 11.º y 12.º de *Du Al-Hyyah* y celebra el sacrificio protagonizado por el Profeta Abraham.

Por su parte, el acuerdo con la Federación de Comunidades Judías de España señala igualmente que:

> Las festividades que a continuación se expresan, que según la Ley y la tradición judías, tienen el carácter de religiosas, podrán sustituir a las establecidas con carácter general por el Estatuto de los Trabajadores, en su artículo 37.2, con el mismo carácter de retribuidas y no recuperables, a petición de las personas a que se refiere el número anterior, y en los términos previstos en el mismo: Año Nuevo *(Rosh Hashaná),* 1.º y 2.º día, Día de Expiación *(Yon Kippur),* Fiesta de las Cabañas *(Succoth),* 1.º, 2.º, 7.º y 8.º día, Pascua *(Pesaj),* 1.º, 2.º, 7.º y 8.º día y Pentecostés *(Shavuot),* 1.º y 2.º día.

En el ámbito educativo, los artículos 12 de los respectivos acuerdos de cooperación determinan la dispensa de los alumnos de las comunidades judías y musulmanas respecto de la obligación de asistencia a clase y de la celebración de exámenes en atención de sus festividades religiosas. Así, se señala:

> 12.3. Los alumnos musulmanes que cursen estudios en centros de enseñanza públicos o privados concertados, estarán dispensados de la asistencia a clase y de la celebración de exámenes, en el día del viernes durante las horas a que se refiere el número 1 de este artículo y en las festividades y

conmemoraciones religiosas anteriormente expresadas, a petición propia o de quienes ejerzan la patria potestad o tutela.

12. 3. Los alumnos judíos que cursen estudios en centros de enseñanza públicos y privados concertados, estarán dispensados de la asistencia a clase y de la celebración de exámenes, en el día de sábado y en las festividades religiosas expresadas en el número anterior, a petición propia o de quienes ejerzan la patria potestad o tutela.

12.2. Los alumnos de las Iglesias mencionadas en el número 1 de este artículo, que cursen estudios en centros de enseñanza públicos y privados concertados, estarán dispensados de la asistencia a clase y de la celebración de exámenes desde la puesta del sol del viernes hasta la puesta del sol del sábado, a petición propia o de quienes ejerzan la patria potestad o tutela.

Este régimen de dispensa se aplica únicamente en centros sostenidos con fondos públicos, no en los centros educativos privados, y lo es a petición de los propios alumnos o de quien ejerza la patria potestad sobre los mismos. Ahora bien, a diferencia del régimen previsto para el descanso dominical, que exige previo acuerdo entre el trabajador y el empresario, los acuerdos establecen un derecho que puede ser ejercicio o no por los alumnos, pero que no requiere acuerdo previo con la dirección del centro educativo.

Igualmente, los artículos 12 de los citados acuerdos de cooperación regulan también las situaciones de conflicto entre el derecho a conmemorar las festividades religiosas y la concurrencia a exámenes, oposiciones o pruebas selectivas convocadas para el ingreso en las Administraciones públicas. La normativa legal faculta a los miembros de las comunidades judía, evangélica y musulmana, en el caso de que las citadas pruebas hayan de celebrarse dentro del período de tiempo considerado como de descanso o festivo por los respectivos acuerdos, a solicitar su celebración en fechas alternativas. En este caso, las Administraciones públicas únicamente podrán denegar tal derecho «cuando no haya causa motivada que lo impida».

El Tribunal Supremo ha reconocido este derecho a una opositora adventista que se negaba a escoger entre sus convicciones religiosas y su derecho a presentarse a una prueba competitiva de examen para acceso a la función pública[22]. Esta opositora, al presentar su solicitud para participar en el proceso selectivo, hizo constar su condición de miembro comulgante de la Iglesia Cristiana Adventista del Séptimo Día y que el sábado previsto para la celebración de una de las pruebas de la oposición

---

22 Sentencia 3533/2015, de 6 de julio.

era día de precepto religioso para ella, solicitando que se le realizara en otra fecha. La Administración no accedió a su petición y tampoco ofreció una solución alternativa, limitándose a justificar la negativa en la imposibilidad de conciliar el respeto a los principios de igualdad y unidad de llamamiento con el respeto al ejercicio de la libertad religiosa. Sin embargo, el Tribunal consideró que:

> estamos ante el ejercicio de un derecho fundamental, el reconocido por el artículo 16.1 de la Constitución, que ha sido objeto de la atención del legislador, tanto para desarrollarlo –Ley Orgánica 7/1980– cuanto para regular su ejercicio (artículo 53.1 de la Constitución) respecto de los miembros de determinadas confesiones en virtud de acuerdos con ellas recogidos legalmente.

Derecho al que puede acogerse la opositora y que exigiría por parte de la Administración una propuesta de soluciones alternativas que permitan conciliar los derechos en conflicto, al no existir justificación de suficiente entidad para el sacrificio de uno de ellos, en este caso del de la libertad religiosa, ya que:

> Los criterios de interpretación admitidos en Derecho nos ayudan a concluir que la regla en estos casos debe ser el uso de una fecha alternativa y la excepción la negativa a ello y que, como todas las reglas excepcionales, ha de ser objeto de un entendimiento restrictivo. Asimismo, sabiendo que la doctrina del Tribunal Constitucional ha reiteradamente afirmado el mayor valor de los derechos fundamentales y llamado a interpretar el ordenamiento jurídico de la manera más favorable a su efectividad, postulados estos tan consolidados que excusan de la cita de sentencias que los proclamen, esa anterior conclusión se ve reforzada y converge con las razones anteriores hacia la ulterior afirmación de que la causa que impida celebrar en fecha.

1.4. TITULARES

Si la libertad religiosa encuentra su fundamento en la propia dignidad del ser humano, su titularidad corresponde, en consecuencia, a todas las personas sin distinción. En este sentido, podemos decir que el artículo 16.1 de la Constitución española reconoce la libertad religiosa sin limitaciones en cuanto a la titularidad, al garantizarse a todos los individuos sin distinción alguna. Es más, la Constitución garantiza este derecho también a las comunidades sin más limitaciones en sus manifestaciones que las necesarias para el mantenimiento del orden público protegido por la ley, como ha recordado el propio Tribunal Constitucional en su sentencia 101/2004, de 2 de junio[23] cuando señala: «la Constitución española reconoce la libertad religiosa, garantizándola tanto a los individuos como a las comunidades (…)».

En consecuencia, puede comprobarse, como señala el profesor Palomino Lozano (2022: 41), que nos encontramos no solo ante un derecho individual de ejercicio colectivo, sino también ante un derecho de titularidad colectiva, que es la de los propios grupos religiosos, iglesias o confesiones, configurándose así como un derecho de titularidad y ejercicio individual y colectivo. Interesa señalar que esta titularidad colectiva no puede ser considerada como equivalente a la suma de los derechos de los individuos que componen los grupos religiosos (León Benítez y Leal Adorna, 2009: 141), sino que es una titularidad del propio grupo o confesión religiosa, más allá de sus propios componentes, y ello porque son anteriores al propio Estado en cuanto ordenamientos jurídicos primarios, lo que se traduce, más allá del reconocimiento de su ámbito propio de autonomía (artículo 6 de la LOLR), de su distinción de otro tipo de agrupaciones de individuos como son las asociaciones, al actuar en un ámbito, el religioso, del que el Estado se declara incompetente (González del Valle, 1991: 131-136). Así lo ha puesto de relieve el propio Tribunal Constitucional en su sentencia 46/2001, de 15 de febrero[24], al afirmar que: «(…). Una comunidad de creyentes, iglesia o confesión no precisa formalizar su existencia como asociación para que se le reconozca la titularidad de su derecho fundamental a profesar un determinado credo (…)».

La libertad religiosa de los grupos, confesiones o iglesias, en cuanto personas jurídicas, conllevará igualmente, como señala Salinas Mengual (2020: 72), una doble dimensión negativa y positiva, caracterizada la primera por su inmunidad respecto de interferencias internas de los poderes públicos, y la segunda por la capacidad de llevar a cabo actividades de carácter religioso de diversa índole.

Respecto de los individuos, hemos de decir que el Tribunal Constitucional[25] ha venido a señalar que la titularidad del derecho de libertad religiosa no depende de la nacionalidad ni de otra cualidad que no sea la de ser humano. El artículo 16.1 de la Constitución reconoce el derecho de libertad religiosa a individuos y comunidades sin ninguna limitación. Si, como hemos dicho, la dignidad de la persona humana es el fundamento de la libertad religiosa, no cabrá predicar de la misma una titularidad

---

23 Vid. su fundamento jurídico 3.º.

24 Vid. su fundamento jurídico 5.º.

25 Sentencia 107/1984, de 23 de noviembre, FJ3.

distinta en cuanto que no hay acepciones distintas de persona. Por ello, cabe señalarse que la titularidad del derecho de libertad religiosa alcanza a todos los ciudadanos, con independencia de su estatus administrativo en nuestro país; sean, en consecuencia, nacionales o extranjeros.

Respecto de los menores de edad, los tratados internacionales les atribuyen la titularidad del derecho de libertad religiosa, y en el ordenamiento jurídico español la propia Ley Orgánica 1/1996, de 15 de enero, de Protección Jurídica del Menor les reconoce (artículo 6) el derecho a la libertad ideológica, de conciencia y religión. Los menores son titulares plenos de sus derechos fundamentales, como ha señalado el propio Tribunal Constitucional[26] respecto de la libertad religiosa:

> Desde la perspectiva del art. 16 C.E. los menores de edad son titulares plenos de sus derechos fundamentales, en este caso, de sus derechos a la libertad de creencias y a su integridad moral, sin que el ejercicio de los mismos y la facultad de disponer sobre ellos se abandonen por entero a lo que al respecto puedan decidir aquellos que tengan atribuida su guarda y custodia o, como en este caso, su patria potestad, cuya incidencia sobre el disfrute del menor de sus derechos fundamentales se modulará en función de la madurez del niño y los distintos estadios en que la legislación gradúa su capacidad de obrar.

Ahora bien, el reconocimiento de este derecho lo es sin perjuicio de los derechos y deberes de los padres a la hora de acompañar o guiar a sus hijos en su ejercicio según su grado de madurez, como señala el artículo 14.2 de la Convención de Derechos del Niño, y que constituye un criterio determinante en el ejercicio del derecho por parte del menor junto a la trascendencia del acto de que se trate (Moreno Antón, 2009: 259).

El Tribunal Constitucional ha tenido ocasión de pronunciarse en diversas ocasiones acerca de los conflictos que el ejercicio del derecho de libertad religiosa por parte de los menores ha ocasionado en dos direcciones, frente a valores constitucionales como la propia vida o frente a la patria potestad de los padres. Son especialmente interesantes las sentencias 141/2000, de 29 de mayo, que resuelve un recurso de amparo interpuesto por un padre al que deniegan las visitas a sus hijos por motivos religiosos al pertenecer a una comunidad religiosa concreta, y 154/2002, de 18 de junio, que resuelve un recurso de amparo interpuesto por unos padres testigos de Jehová que fueron condenados por negarse a persuadir a su hijo, que acabó falleciendo por ese motivo, para que aceptara recibir una transfusión de sangre.

---

26 Sentencia 141/2000, de 29 de mayo, FJ5.

En el caso de conflicto de la decisión de un menor en el ejercicio de su libertad religiosa que se enfrenta con valores como el derecho a la vida, la regla general será la capacidad natural de juicio y discernimiento de la que disponga el menor en orden a la madurez suficiente para entender y querer el posible hecho resultante de su negativa a una intervención médica. Si a criterio de los facultativos el menor no tiene suficiente madurez, el consentimiento deberá ser emitido por sus padres, después de haber escuchado su opinión y conforme a lo previsto en el artículo 9.3.c) de la Ley 41/2002 básica reguladora de la autonomía del paciente y de derechos y obligaciones en materia de información y documentación clínica. No obstante, la intensidad de las convicciones del menor deberá ser tenida en cuenta por los padres e incluso por la autoridad judicial. El Tribunal Constitucional señala que la obligación de cuidado de los padres se cumple acudiendo a los servicios sanitarios para aplicar el tratamiento sanitario contrario a sus creencias, sin que pueda exigírseles una actitud disuasoria para convencer al menor a actuar en contra de sus convicciones, no estando tampoco obligados a autorizar la intervención médica[27].

En los supuestos anteriores, habrá de todas formas que tomar en cuenta la previsión contenida en el artículo 9.6 de la citada Ley 41/2002, que al efecto y en los supuestos previstos en los apartados 3 y 5 del mismo artículo establece la previsión de la decisión final de la autoridad judicial, que decidirá partiendo del mayor beneficio de la vida del menor, señalando que:

> En los casos en los que el consentimiento haya de otorgarlo el representante legal o las personas vinculadas por razones familiares o de hecho en cualquiera de los supuestos descritos en los apartados 3 a 5, la decisión deberá adoptarse atendiendo siempre al mayor beneficio para la vida o salud del paciente. Aquellas decisiones que sean contrarias a dichos intereses deberán ponerse en conocimiento de la autoridad judicial, directamente o a través del Ministerio Fiscal, para que adopte la resolución correspondiente, salvo que, por razones de urgencia, no fuera posible recabar la autorización judicial, en cuyo caso los profesionales sanitarios adoptarán las medidas necesarias en salvaguarda de la vida o salud del paciente, amparados por las causas de justificación de cumplimiento de un deber y de estado de necesidad.

En caso de conflicto entre la patria potestad de los padres y el menor acerca de opciones religiosas, la regla general será la prevalencia de la voluntad del menor, atendiendo a su interés superior. La doctrina del

---

27 Sentencia 154/2002, de 18 de junio, FJ14 y FJ15.

Tribunal Constitucional ha indicado que tanto la propia integridad moral del menor como la libertad de creencias de la que es titular y que se manifiesta en su derecho a no compartir las creencias de sus progenitores constituyen límites de la patria potestad en esta materia. De ahí que, en el caso de surgir conflictos, deberán ser resueltos ponderadamente en función del siempre presente «interés superior» de los menores de edad. Así, a la hora de graduarse el nivel de autonomía de la que puede disfrutar el menor en este ámbito, entrará en juego igualmente el criterio de su capacidad natural o madurez.

1.5. LÍMITES

Mientras que la dimensión interna de la libertad religiosa es absoluta y no puede ser restringida en modo alguno, la dimensión externa sí que es susceptible de restricciones cumplidas ciertas condiciones (Palomino Lozano, 2022: 39). De este modo, las limitaciones a la libertad religiosa pueden recaer únicamente sobre sus manifestaciones. La libertad interna de la persona en cuanto al acto de fe –creer o no creer– es ilimitada, como señala Combalía Solís (2020: 236), pues «parece obvio puesto que, mientras la religiosidad del sujeto no se exteriorice, el Derecho no resulta afectado, máxime en el caso de un Estado laico como el español, incompetente para acometer una valoración de creencias».

No hay derechos ilimitados. El Tribunal Constitucional[28] ha señalado que:

> Todo derecho tiene sus límites que, como señalaba este Tribunal en Sentencia de 8 de abril de 1981 («Boletín Oficial del Estado» de 25 de abril) en relación a los derechos fundamentales, establece la Constitución por sí misma en algunas ocasiones, mientras en otras el límite deriva de una manera mediata o indirecta de tal norma, en cuanto ha de justificarse por la necesidad de proteger o preservar no sólo otros derechos constitucionales, sino también otros bienes constitucionalmente protegidos.

El derecho de libertad religiosa, consecuentemente, no es un derecho ilimitado. El Tribunal Constitucional[29] ha dejado claro, eso sí, el alcance de sus límites al señalar que:

> El derecho que asiste al creyente de creer y conducirse personalmente conforme a sus convicciones no está sometido a más límites que los que

---

28 Sentencia 2/1982, de 29 de enero, FJ5. Igualmente, la sentencia del Tribunal Constitucional 20/1990, de 15 de febrero, FJ2.

29 Sentencia 141/2000, de 29 de mayo, FJ4.

le imponen el respeto a los derechos fundamentales ajenos y otros bienes jurídicos protegidos constitucionalmente; pero el derecho a manifestar sus creencias frente a terceros mediante su profesión pública, y el proselitismo de las mismas, suma a los primeros los límites indispensables para mantener el orden público protegido por la Ley.

Siendo como es la libertad religiosa una libertad esencial en la máxima amplitud con la que está reconocida en el artículo 16.1 de la Constitución, por ser fundamento, juntamente con la dignidad de la persona y los derechos inviolables que le son inherentes, según se proclama en el artículo 10.1, de otras libertades y derechos fundamentales, se hace preciso que este derecho no sufra más limitaciones que las estrictamente necesarias (Martí Sánchez y García Pardo, 2019: 141). De este modo, el artículo 16.1 de la Constitución garantiza la libertad religiosa «sin más limitación, en sus manifestaciones, que la necesaria para el mantenimiento del orden público protegido por la ley». En suma, las limitaciones de derechos fundamentales deben contar con una motivación adecuada. Toda medida restrictiva de derechos fundamentales debe ser razonable y proporcionada y, en su caso, sujeta el principio de reserva de ley[30]. El propio carácter esencial de la libertad religiosa exige que las posibles limitaciones se interpreten de la forma más favorable a la misma, en la medida en que:

> la fuerza expansiva de todo derecho fundamental restringe el alcance de las normas limitadoras del mismo. De ahí la exigencia de que los límites de los derechos fundamentales hayan de ser interpretados en el sentido más favorable a la eficacia y a la esencia de tales derechos.[31]

En este sentido, la propia LOLR, en su artículo 3.1, vendrá a desarrollar el límite previsto en la Constitución, definiendo dos grandes límites en el ámbito de una sociedad democrática: el derecho de los demás al ejercicio de sus libertades públicas y derechos fundamentales, y el orden público protegido por la ley, cuyo contenido incluye «la salvaguardia de la seguridad, de la salud y de la moralidad pública».

Este artículo 3.1 de la LOLR es heredero de la previsión contenida en el artículo 9.2 del Convenio para la Protección de los Derechos Humanos y de las Libertades Fundamentales, hecho en Roma el 4 de noviembre de 1950, que determina que:

> la libertad de manifestar su religión o sus convicciones no puede ser objeto de más restricciones que las que, previstas por la ley, constituyen medidas

---

30 Vid. Sentencia del Tribunal Constitucional 170/1996, de 29 de octubre, FJ11.

31 Sentencia del Tribunal Constitucional 159/1986, de 12 de diciembre.

necesarias, en una sociedad democrática, para la seguridad pública, la protección del orden, de la salud o de la moral públicas, o la protección de los derechos o las libertades de los demás.

Nuestro ordenamiento interno responde a la regulación que de las limitaciones de la libertad religiosa se contemplan en los tratados internacionales. Refiriéndose a las manifestaciones de la libertad religiosa como único ámbito en el que caben limitaciones, el artículo 18.3 del PIDCyP establece únicamente la ley como vía de limitación, así como la necesidad de proteger «la seguridad, el orden, la salud o la moral públicos, o los derechos y libertades fundamentales de los demás» como justificación. La reserva de ley y el criterio de necesidad como elementos legitimadores de las limitaciones a la libertad religiosa se desarrollan igualmente en la Observación General n.º 22 del Comité de Derechos Humanos sobre el artículo 18 anterior, en cuyo apartado 8 se señala que:

> El párrafo 3 del artículo 18 permite restringir la libertad de manifestar la religión o las creencias con el fin de proteger la seguridad, el orden, la salud o la moral públicos, o los derechos y libertades fundamentales de los demás, a condición de que tales limitaciones estén prescritas por la ley y sean estrictamente necesarias. No se puede restringir la libertad de no ser obligado a tener o adoptar una religión o unas creencias y la libertad de los padres y los tutores a garantizar la educación religiosa y moral.

Esta Observación General incide en la necesidad de interpretar las limitaciones previstas en las normas con carácter restrictivo y que estas tengan carácter excepcional y sean debidamente proporcionadas, al indicar que:

> El Comité señala que el párrafo 3 del artículo 18 ha de interpretarse de manera estricta: no se permiten limitaciones por motivos que no estén especificados en él, aun cuando se permitan como limitaciones de otros derechos protegidos por el Pacto, tales como la seguridad nacional. Las limitaciones solamente se podrán aplicar para los fines con que fueron prescritas y deberán estar relacionadas directamente y guardar la debida proporción con la necesidad específica de la que dependen. No se podrán imponer limitaciones por propósitos discriminatorios ni se podrán aplicar de manera discriminatoria.

Por su parte, el Convenio para la Protección de los Derechos Humanos y de las Libertades Fundamentales, hecho en Roma el 4 de noviembre de 1950, en su artículo 9.2 delimita el alcance de las restricciones a la libertad religiosa en sus manifestaciones definiendo los parámetros que determinan la legitimidad de las posibles limitaciones: a) reserva de ley,

b) finalidad legítima y c) ser necesarias en una sociedad democrática. Así, el artículo 9.2 señala que la libertad religiosa:

> no puede ser objeto de más restricciones que las que, previstas por la ley, constituyen medidas necesarias, en una sociedad democrática, para la seguridad pública, la protección del orden, de la salud o de la moral públicas, o la protección de los derechos o las libertades de los demás.

El Tribunal Europeo de Derechos Humanos[32] ha puesto de manifiesto que la naturaleza fundamental de los derechos garantizados por el artículo 9 del Convenio para la Protección de los Derechos Humanos y de las Libertades Fundamentales queda reflejada en el modo en que se formula la cláusula referente a su posible restricción, ya que el artículo 9.2 solo contempla la «libertad de manifestar la propia religión o convicciones». A juicio del Tribunal de Estrasburgo, «ello pone de relieve que en una sociedad democrática, donde muchas religiones coexisten en el seno de una misma población, puede ser necesario que dicha libertad sufra limitaciones derivadas de la necesidad de conciliar los intereses de diversos grupos y de asegurar el respeto a las convicciones de todos».

Para este Tribunal, toda injerencia o limitación sobre la libertad religiosa sería contraria al artículo 9 del Convenio, salvo cuando cumpla una triple condición: a) que esté «prevista por ley»; b) que esté dirigida a la consecución de uno o varios de los fines legítimos según el párrafo 2 de este artículo (es decir, la seguridad pública, la protección del orden, de la salud o de la moral públicas, o la protección de los derechos o las libertades de los demás); y c) que fuese «necesaria en una sociedad democrática» para alcanzar aquellos fines.

En consecuencia, ante la posible restricción de la libertad religiosa en su dimensión externa que, a juicio del TEDH, faculta, en principio, a «intentar convencer al prójimo, por ejemplo por medio de una enseñanza, sin que la libertad de cambiar de religión o de convicción consagrada por el artículo 9, tenga que quedar en letra muerta», frente a la obligación, a su vez, de un Estado democrático que debe asegurar el goce de las libertades individuales de los que habitan en su territorio, ya que si no pudiera proteger la conciencia religiosa y la dignidad de una persona contra las tentativas de influencia por medios inmorales y engañosos se vaciaría de contenido el artículo 9.2 del Convenio, se plantea la necesidad de conjugar los derechos de manifestar las propias convicciones con el derecho a no sufrir coacciones respecto a no confesarlas o recibirlas, distinguiendo

---

32 Caso Kokkinakis contra Grecia. Sentencia de 25 de mayo de 1993.

entre la legitimidad o no de aquella práctica del proselitismo, para lo que, a juicio del Tribunal, es imprescindible distinguir el testimonio cristiano del proselitismo abusivo. Para el Tribunal, el testimonio cristiano o proselitismo legítimo correspondería a la verdadera evangelización, que, en una relación elaborada en 1956, en el seno del Consejo Ecuménico de las Iglesias, es considerada como «misión esencial y responsabilidad de cada cristiano y de cada Iglesia». Por su parte, el proselitismo abusivo representaría, a juicio del Tribunal, la corrupción o deformación de aquel. Este puede consistir en ofrecer ventajas materiales o sociales para conseguir adeptos a una Iglesia, o en presionar de manera abusiva a las personas en situación de necesidad, o en el recurso a la violencia o al lavado de cerebro; se trata de métodos que no se concilian con el respeto debido a la libertad de pensamiento, de conciencia y de religión de los demás.

Respecto de la configuración constitucional del orden público como único límite a las manifestaciones de la libertad religiosa, resulta de especial interés analizar la sentencia del Tribunal Constitucional 46/2001, de 15 de febrero. Esta sentencia contiene una doctrina esencial no solo sobre el contenido del derecho de libertad religiosa, que ya hemos tenido ocasión de analizar, sino también respecto a la noción de orden público como límite al derecho de libertad religiosa; igualmente contiene una determinación de los efectos jurídicos que para las confesiones religiosas conlleva su inscripción en el Registro de Entidades Religiosas (RER). La sentencia del Alto Tribunal resuelve un recurso de amparo interpuesto frente a una sentencia del Tribunal Supremo por la que se denegó la inscripción en el Registro de Entidades Religiosas de la «Iglesia de la Unificación» que resolvía, a su vez, un recurso interpuesto contra una sentencia de la Audiencia Nacional, que fue resuelta, a su vez, en respuesta a una demanda interpuesta por la «Iglesia de la Unificación». Esta pretendía ser reconocida en España como entidad religiosa inscrita en el Registro de Entidades Religiosas del Ministerio de Justicia, y su inscripción fue denegada por resolución de la Dirección General de Asuntos Religiosos de 22 de diciembre de 1992.

La Dirección General del Ministerio de Justicia había tomado como base de la resolución denegatoria inicial dos motivos fundamentales:

1. La naturaleza religiosa de la iglesia no quedaba clara para la Dirección General, como establece el artículo 3.2 de la Ley Orgánica 7/1980, de 15 de julio de Libertad Religiosa, y ello como consecuencia de que dicha iglesia no posee claramente los requisitos que para ello se precisan. A saber: a) un conjunto estable de fieles

(que no sean dirigentes de la organización), sin establecerse un número; b) un conjunto de verdades doctrinales (dogmas) y reglas de conducta (normas morales); c) un conjunto de acciones rituales individuales o colectivas (culto o rito). Esta proyección de los anteriores criterios a los estatutos y demás documentación aportada por la «Iglesia de Unificación» al expediente de inscripción permitió a la Administración alcanzar la convicción de que carecía de «un conjunto orgánico de creencias propias», de «un culto específico y definido» y de una feligresía distinta de la que, de modo reducido, formarían los promotores de la inscripción.

2. Se daba además la circunstancia de que en aquel momento el Congreso de los Diputados había aprobado once conclusiones sobre el fenómeno de las sectas en España; en una de ellas, se instaba al Gobierno para que incrementase el control y la cautela de las entidades que solicitasen la inscripción en el Registro de Entidades Religiosas. En concreto, como se pone de relieve en la sentencia, existía un informe de la Comisión de la Juventud, de la Cultura, de la Educación, de la Información y de los Deportes de las Comunidades Europeas que, en su preámbulo, punto 1.6, se refiere ampliamente a las críticas recibidas sobre las actividades de la «Iglesia de Unificación» en el curso de los últimos años, relativas a las técnicas empleadas para la captación de sus miembros. Conjunto de informaciones que la Administración consideró relevante desde la perspectiva de los límites que la propia Constitución reconoce (artículo 16.1) al ejercicio del derecho de libertad religiosa, a fin de garantizar el orden público protegido por la ley en el ámbito de una sociedad democrática.

Frente a la denegación de la inscripción, la petición de amparo por la «Iglesia de la Unificación» se concretó en la vulneración de los artículos 16, 22 y 24.2 de la Constitución. La Audiencia Nacional entendió que la entidad recurrente perseguía fines religiosos, pero se mantuvo en la tesis de que atentaba contra o que no preservaba el orden público, basándose en una Resolución del Parlamento Europeo, de 22 de mayo de 1984, que tildaba a esta iglesia –dirigida por el coreano Sun Myung Moon– de «secta destructiva», dadas sus peculiaridades. La Audiencia Nacional, en su sentencia, aplicará como una cláusula preventiva el orden público como límite a la libertad religiosa en prevención de lesiones futuras de los derechos fundamentales y libertades públicas, de conformidad con el artículo 16.1 de la Constitución y el artículo 3.1 de la LOLR. El Tribunal Supremo, por su parte, desestimó el recurso interpuesto frente a la sentencia de la Audiencia Nacional. La violación de los derechos de asociación y de libertad religiosa alegada fue rechazada, ya que se entendió que la Administración, en lo que respecta a las entidades religiosas, está facultada para realizar un control sobre los fines perseguidos por la entidad solicitante, y, dado el riesgo «futurible» de sus actividades, denegó legítimamente la inscripción en el RER.

El Tribunal Constitucional, en este ámbito, mantiene en su sentencia que desde la perspectiva constitucional la libertad religiosa no está sometida, en su ejercicio, a más limitaciones que las que se deriven del orden público protegido por la ley. Esta limitación contemplada en el artículo 16.1 de la Constitución está significando con su sola redacción, a juicio del Tribunal[33], el carácter excepcional del orden público como único límite al ejercicio de los derechos fundamentales, lo que, jurídicamente, se traduce en la imposibilidad de ser aplicado por los poderes públicos como una cláusula abierta que pueda servir de asiento a meras sospechas sobre posibles comportamientos de futuro y sus hipotéticas consecuencias.

Así, partiendo de la conexión del artículo 3.1 de la LOLR con el artículo 9 del Convenio Europeo de Derechos Humanos en cuanto único límite normativamente previsto para el ejercicio del derecho de libertad religiosa, el Tribunal concluirá que el orden público no puede ser interpretado en el sentido de una cláusula preventiva frente a eventuales riesgos, porque en tal caso se convierte en el mayor peligro cierto para el ejercicio de ese derecho de libertad. Un entendimiento así de la citada cláusula de orden público coherente con el principio general de libertad religiosa obliga a considerar que, como regla general, solo cuando se ha acreditado en sede judicial la existencia de un peligro cierto para «la seguridad, la salud y la moralidad pública», tal como han de ser entendidas en una sociedad democrática, es pertinente invocar el orden público como límite al ejercicio del derecho a la libertad religiosa y de culto.

Ahora bien, el Tribunal abre la puerta, en este muy singular contexto de las sectas que, amparándose en la libertad religiosa, utilizan métodos de captación que pueden menoscabar el libre desarrollo de la personalidad de sus adeptos, con vulneración del artículo 10.1 de la Constitución, a que, pese a lo dicho, no pueda considerarse contraria a la Constitución la excepcional utilización preventiva de la citada cláusula de orden público,

---

33 Vid. su fundamento jurídico 11.º.

siempre que se oriente directamente a la salvaguardia de la seguridad, de la salud y de la moralidad públicas propias de una sociedad democrática, que queden debidamente acreditados los elementos de riesgo y que, además, la medida adoptada sea proporcionada y adecuada a los fines perseguidos, en los términos contenidos en la propia jurisprudencia[34].

Del análisis del caso concreto, el Tribunal Constitucional concluirá que no hubo vulneración de los artículos 22 y 24 de la Constitución, pero sí del artículo 16. Como consecuencia de ese quebrantamiento, en el fallo se declara la nulidad de la resolución de denegación de la inscripción y la procedencia de la inscripción de la «Iglesia de la Unificación» en el Registro de Entidades Religiosas del Ministerio de Justicia.

En consecuencia, podemos señalar que la doctrina constitucional respecto del orden público como causa habilitante de restricciones de la libertad religiosa puede concretarse en estos términos:

a. El orden público, como límite a la libertad religiosa, no es una cláusula abierta y de posible utilización cautelar por parte de los poderes públicos.

b. Su aplicación tiene carácter excepcional.

c. Constituye una ilicitud constitucional interpretar el artículo 16.1 de la Constitución como una cláusula abierta y cautelar para restringir o eliminar el ejercicio del derecho y más con carácter de futurible. El orden público, como concepto indeterminado, no se puede concebir nada más que cuando se ha acreditado en sede judicial por sentencia firme, y siendo una medida proporcionada, la existencia de peligro para la seguridad, salud, y/o moralidad pública.

Por su parte, los derechos de los demás, como señala Palomino Lozano (2022: 45), constituyen un límite claro: del ejercicio del derecho de libertad religiosa no puede seguirse la infracción del derecho de otros. Para Mantecón Sancho (2023: 39), en relación con los elementos integrantes del orden púbico, la seguridad pública hará referencia al sentido policial del término, la prevención de daños a personas y bienes frente a actos ilegítimos de terceros; la moral pública se refiere al elemento ético común de la vida social, es decir, aquella moral cívica o social considerada como digna de protección legal; y la salud pública se referirá al aspecto de la integridad física y moral contemplada en el artículo 15 de la Constitución.

---

34 Sentencias del Tribunal Constitucional 120/1990, de 27 de junio; 137/1998, de 29 de junio; y 141/2000, de 29 de mayo; y del TEDH casos Kokkinakis contra Grecia y Hoffman y C. R. contra Suiza.

1.6. PROTECCIÓN DE LA LIBERTAD RELIGIOSA

La protección de la libertad religiosa se manifiesta, por una parte, en el establecimiento constitucional de una serie de garantías institucionales dirigidas a regular la actividad legislativa relativa a la determinación legal de su contenido esencial; y, por otra parte, en la tutela que de los poderes públicos, especialmente los jurisdiccionales, puede demandarse para garantizar, frente a terceros, profesar una determinada creencia y la libertad de manifestar las convicciones propias, y, muy especialmente, la inmunidad de coacción que toda persona posee en esta materia.

1.6.1. Garantías institucionales

Siguiendo a Palomino Lozano (2015: 200), podemos señalar como garantías institucionales que protegen la libertad religiosa las siguientes:

1. La vinculación general de las normas constitucionales, tal como se ordena en los artículos 53.1 y 9.1 de la Constitución española de 1978.

2. La aplicabilidad directa de los artículos 14 y 16, tal como reconoce la Sentencia del Tribunal Constitucional 81/1982, de 21 de diciembre:

   > no puede, en modo alguno, olvidarse la eficacia directa e inmediata que la Constitución tiene como norma suprema del ordenamiento jurídico, sin necesidad de esperar a que resulte desarrollada por el legislador ordinario en lo que concierne a los derechos fundamentales y libertades públicas.

3. La reserva de ley ordinaria para la regulación y reserva de ley orgánica para el desarrollo del derecho de libertad religiosa. Se ha de recordar que la regulación del derecho de libertad religiosa está sujeto al principio de reserva de ley previsto en los artículos 53.1 y 81.1 de la Constitución. En virtud del primero, la libertad religiosa, en cuanto derecho reconocido en el Capítulo segundo del Título I, vincula a todos los poderes públicos. Por ello, únicamente por ley, que en todo caso deberá respetar su contenido esencial, podrá regularse el ejercicio de tal libertad. Ley que deberá, en todo caso, ser de carácter orgánico, única para el desarrollo de los derechos fundamentales y de las libertades públicas.

4. El respeto al «contenido esencial» del derecho de libertad religiosa.

5. La interpretación del derecho de libertad religiosa en conformidad con la Declaración Universal de Derechos Humanos y con los tratados y acuerdos internacionales sobre las mismas materias ratificados por España (artículo 10.2 de la Constitución).

6. Las fuertes limitaciones a la reforma constitucional del artículo 16, dados los trámites establecidos en el artículo 168 del texto constitucional.

7. Los controles normativos del Tribunal Constitucional mediante cuestiones de inconstitucionalidad, recursos de inconstitucionalidad y de control de los tratados internacionales.

8. Las instituciones del Defensor del Pueblo (artículo 54 de la Constitución y Ley Orgánica 3/1981, de 6 de abril) y el Ministerio Fiscal (artículo 124.1 y Ley 50/1981, de 30 de diciembre, por la que se regula el Estatuto Orgánico del Ministerio Fiscal).

9. La vigencia del derecho de libertad religiosa incluso en situaciones de suspensión de derechos fundamentales, conforme a lo dispuesto en la Ley Orgánica 4/1981, de 1 de junio, de los estados de alarma, excepción y sitio.

1.6.2. Protección jurisdiccional

La libertad religiosa es uno de los derechos recogidos en el Capítulo II del Título I de la Constitución, razón por la que goza de la protección jurisdiccional reforzada que contempla el artículo 53.2. En virtud del mismo, cualquier ciudadano que considere vulnerados los derechos reconocidos en la Sección primera del Capítulo II podrá recabar su tutela bien ante los tribunales ordinarios, por el procedimiento judicial preferente y sumario, bien ante el Tribunal Constitucional a través del recurso de amparo (artículo 161.1b). Igualmente, según el artículo 4 de la LOLR, los derechos reconocidos en la ley, cuando sean ejercitados dentro de los límites de la misma, serán tutelados «mediante amparo judicial ante los Tribunales ordinarios y amparo constitucional ante el Tribunal Constitucional en los términos establecidos en su Ley Orgánica».

Inicialmente, aquel procedimiento preferente y sumario fue recogido en la Ley 62/1978, de 26 de diciembre, de protección jurisdiccional de los derechos y libertades fundamentales de la persona, derogado su articulado en la actualidad y carente, por tanto, de virtualidad legal. En consecuencia, la protección de los derechos fundamentales hay que encontrarla, en su caso, en la jurisdicción ordinaria según su ámbito. En la actualidad, los ciudadanos y los grupos podrán recabar la protección de sus derechos fundamentales, como es la libertad religiosa, ante la jurisdicción contencioso-administrativa, que será la habitual, ante la jurisdicción penal o ante la jurisdicción civil o social.

En el ámbito de la jurisdicción contencioso-administrativa, la Ley 29/1998, de 13 de julio, reguladora de la Jurisdicción Contencioso-administrativa, en el Título V dedicado a los procedimientos especiales, en su Capítulo I, artículo 114 y siguientes, regula el procedimiento para la protección de los derechos fundamentales de la persona, en virtud del cual: «el procedimiento de amparo judicial de las libertades y derechos, previsto en el artículo 53.2 de la Constitución española, se regirá, en el orden contencioso-administrativo, por lo dispuesto en este capítulo y, en lo no previsto en él, por las normas generales de la presente Ley». Tramitación que tendrá carácter preferente.

En el ámbito civil, habrá que acudir al artículo 249 relativo al ámbito del juicio ordinario de la Ley 1/2000 de la LEC, que en su apartado 1 señala que:

> se decidirán en el juicio ordinario, cualquiera que sea su cuantía. 2. Las que pretendan la tutela del derecho al honor, a la intimidad y a la propia imagen, y las que pidan la tutela judicial civil de cualquier otro derecho fundamental, salvo las que se refieran al derecho de rectificación. En estos procesos, será siempre parte el Ministerio Fiscal y su tramitación tendrá carácter preferente.

Se trata de un procedimiento relativamente especial, ya que únicamente difiere del procedimiento ordinario por la salvedad de su tramitación preferente, habiendo quedado relegado en la práctica a las demandas sobre protección del honor, intimidad personal y familiar y a la propia imagen, por lo que su operatividad es más bien escasa (Martínez, 2009: 41).

En el ámbito de la jurisdicción social, la Ley 36/2011, de 10 de octubre, reguladora de la jurisdicción social, en el Capítulo XI relativo a la tutela de los derechos fundamentales y libertades públicas, artículos 177 y siguientes, regula un procedimiento preferente y sumario por el que cualquier trabajador o sindicato que considere lesionados los derechos de libertad sindical, huelga u otros derechos fundamentales y libertades públicas podrá recabar su tutela a través de este procedimiento cuando la pretensión se suscite en el ámbito de las relaciones jurídicas atribuidas al conocimiento del orden jurisdiccional social. En este procedimiento se produce lo que se denomina inversión de la carga de la prueba, en cuya virtud corresponderá al demandado la aportación de una justificación objetiva y razonable, suficientemente probada de las medidas adoptadas y de su proporcionalidad. En estos procedimientos:

La sentencia declarará haber lugar o no al amparo judicial solicitado y, en caso de estimación de la demanda, según las pretensiones concretamente ejercitadas:

a) Declarará la existencia o no de vulneración de derechos fundamentales y libertades públicas (…).

b) Declarará la nulidad radical de la actuación del empleador, asociación patronal, Administración pública o cualquier otra persona, entidad o corporación pública o privada (…).

c) Ordenará el cese inmediato de la actuación contraria a derechos fundamentales o a libertades públicas (…).

d) Dispondrá el restablecimiento del demandante en la integridad de su derecho y la reposición de la situación al momento anterior a producirse la lesión del derecho fundamental, así como la reparación de las consecuencias derivadas de la acción u omisión (…).

Agotadas las vías ordinarias, se podrá recurrir en amparo ante el Tribunal Constitucional. La demanda en amparo deberá presentarse ante el Tribunal Constitucional en el plazo de veinte días hábiles que se contarán a partir de la notificación de la última resolución recaída en el procedimiento judicial correspondiente (artículo 43.2 de la Ley Orgánica 2/1979, de 3 de octubre, del Tribunal Constitucional). En caso de otorgar el amparo, la sentencia deberá contener uno de los siguientes pronunciamientos: a) declaración de nulidad de la decisión, acto o resolución recurridos; b) reconocimiento del derecho o libertad pública, de acuerdo con el contenido que le atribuye la Constitución; c) restablecimiento del recurrente en la integridad de su derecho, con la adopción de las medidas que se consideren apropiadas (artículo 55).

Por otra parte, aunque el derecho a la libertad religiosa ha sido proclamado en muchos textos internacionales que han sido integrados en nuestro ordenamiento jurídico (artículos 10.2 y 106 de la Constitución), únicamente en el ámbito europeo se ha establecido un verdadero sistema de protección jurisdiccional gracias al Convenio Europeo para la Protección de los Derechos Humanos y de las Libertades Fundamentales de 1950 (Convenio de Roma), ratificado por España, en virtud del cual cabe también un recurso ante el Tribunal Europeo de Derechos Humanos (TEDH), con sede en Estrasburgo y órgano del Consejo de Europa, en aplicación de su artículo 9, que recoge el derecho a la libertad de pensamiento, de conciencia y de religión.

El TEDH funciona como una especie de corte constitucional en la interpretación del Convenio de Roma de 1950, «que se ha convertido de alguna manera en el *Bill of Rights* de la Europa democrática, más allá de las fronteras de la Unión Europea» (Palomino Lozano, 2015: 206). Al TEDH pueden acudir directamente los ciudadanos y grupos una vez agotados los recursos internos del país signatario, y sus sentencias firmes tienen fuerza vinculante para el Estado que ha sido parte en el correspondiente procedimiento.

Por su parte, la Carta de los Derechos Fundamentales de la Unión Europea reconoce en su artículo 10 igualmente la libertad de pensamiento, de conciencia y de religión. Esta Carta forma parte de lo que se denomina Derecho de la Unión, con carácter de derecho primario junto al Tratado de la Unión Europea (TUE) y al Tratado de Funcionamiento de la Unión Europea (TFUE) de 2016. La institución jurisdiccional de la Unión es el Tribunal de Justicia de la Unión Europea (TJUE), con sede en Luxemburgo, que está integrado por dos órganos jurisdiccionales, el Tribunal de Justicia y el Tribunal General, cuya principal tarea consiste en controlar la legalidad de los actos de la Unión Europea y garantizar la interpretación y aplicación uniforme del derecho de la Unión. Entre las funciones del Tribunal de Justicia está también la de colaborar con los órganos jurisdiccionales nacionales, que son los jueces ordinarios encargados de aplicar el derecho de la Unión. En este sentido es importante tener presente que todo juez nacional ante el que se plantee un litigio relativo al derecho de la Unión puede someter al Tribunal de Justicia lo que se denomina cuestión prejudicial, a través de la que puede dar su interpretación de una norma de derecho de la Unión como puede ser la Carta de los Derechos Fundamentales y, evidentemente, de la interpretación de su artículo 10, relativo a la libertad religiosa. El Tribunal de Justicia responde mediante sentencia o auto por los que el órgano jurisdiccional nacional que ha planteado la cuestión, así como el resto de los órganos jurisdiccionales nacionales que conozcan de un problema idéntico, quedan vinculados por la interpretación efectuada a la hora de resolver el litigio que se le ha planteado.

En este orden, las cuestiones prejudiciales que tienen como objeto el artículo 10 de la Carta de los Derechos Fundamentales han ido en incremento en los últimos años y afectan a cuestiones tan relevantes como el principio de igualdad y no discriminación en el ámbito de las relaciones laborales por cuestiones de religión. Sobre el uso del velo y la prohibición de discriminación en el ámbito del empleo es muy interesante la sentencia TJCE\2021\199, de 15 de julio de 2021, que resuelve de manera conjunta los asuntos C-804/18 y C-341/19, entre IX y Wabe eV y entre MH Müller Handels GmbH y MJ, respectivamente, ambos en relación con la prohibición por parte de la empresa privada del uso de símbolos religiosos en el lugar de trabajo y concretados en el uso del velo islámico. Sobre el requisito de pertenencia religiosa para un puesto en el seno de una iglesia y su autonomía, así como su sometimiento a control jurisdiccional efectivo, es interesante también, por ejemplo, la sentencia de la Gran Sala de 17 de abril de 2018, en el asunto C-414/16 Vera Egenberger y Evangelisches Werk für Diakonie und Entwicklung eV. Igualmente, es interesante la sentencia de la Gran Sala de 28 de noviembre de 2023, en el asunto C148/2022 OP y Communr d'Ans, sobre el uso de vestimenta religiosa por parte de trabajadores de las Administraciones públicas.

1.6.3. Protección penal

El derecho penal constituye la última ratio en la defensa de los valores constitucionales. Más allá de una mera represión del delito, determina los hechos que socialmente se consideran como más peligrosos y por ello susceptibles de requerir la aplicación de medidas privativas de libertad para sus autores. La protección penal de los sentimientos religiosos pone de relieve el valor social que se les atribuyen y que los hacen dignos de esta especial protección (Mantecón Sancho, 2023: 43).

El Código Penal establece la denominada agravante de discriminación, dentro de las circunstancias agravantes del Capítulo IV del Libro I, cuyo artículo 22 contiene la siguiente definición de discriminación:

> 4ª. Cometer el delito por motivos racistas, antisemitas u otra clase de discriminación referente a la ideología, religión o creencias de la víctima, la etnia, raza o nación a la que pertenezca, su sexo u orientación sexual, o la enfermedad o minusvalía que padezca.

El denominado Código Penal de 1995 recoge los delitos de odio por razones religiosas en el artículo 510, y dentro del Libro II (Delitos y sus penas), Título XXI (Delitos contra la Constitución), Capítulo IV (Delitos relativos al ejercicio de los derechos fundamentales y las libertades públicas), se dedica una Sección (la Segunda) a los que se denominan delitos contra la libertad de conciencia, los sentimientos religiosos y el respeto a los difuntos, en los artículos 522 a 526. De ellos nos interesan los siguientes tipos:

1. Artículo 522. Impedir o forzar la práctica de actos religiosos:

Incurrirán en la pena de multa de cuatro a diez meses: 1º Los que por medio de violencia, intimidación, fuerza o cualquier otro apremio ilegítimo impidan a un miembro o miembros de una confesión religiosa practicar los actos propios de las creencias que profesen, o asistir a los mismos. 2º Los que por iguales medios fuercen a otro u otros a practicar o concurrir a actos de culto o ritos, o a realizar actos reveladores de profesar o no profesar una religión, o a mudar la que profesen.

2. Artículo 523. Impedir o perturbar actos de confesiones religiosas:

El que con violencia, amenaza, tumulto o vías de hecho, impidiere, interrumpiere o perturbare los actos, funciones, ceremonias o manifestaciones de las confesiones religiosas inscritas en el correspondiente registro público del Ministerio de Justicia e Interior, será castigado con la pena de prisión de seis meses a seis años, si el hecho se ha cometido en lugar destinado al culto, y con la de multa de cuatro a diez meses si se realiza en cualquier otro lugar.

3. Artículo 524. Actos de profanación en lugar destinado al culto (profanar es tratar de manera irrespetuosa u ofensiva objetos o personas sagradas):

El que en templo, lugar destinado al culto o en ceremonias religiosas ejecutare actos de profanación en ofensa de los sentimientos religiosos legalmente tutelados será castigado con la pena de prisión de seis meses a un año o multa de 12 a 24 meses.

4. Artículo 525. Escarnio (escarnecer es afrentar o mofarse de algo o alguien):

1. Incurrirán en la pena de multa de ocho a doce meses los que, para ofender los sentimientos de los miembros de una confesión religiosa, hagan públicamente, de palabra, por escrito o mediante cualquier tipo de documento, escarnio de sus dogmas, creencias, ritos o ceremonias, o vejen, también públicamente, a quienes los profesan o practican. 2. En las mismas penas incurrirán los que hagan públicamente escarnio, de palabra o por escrito, de quienes no profesan religión o creencia alguna.

Los artículos 522 y 523 tratan de tipos delictivos específicos de coacciones y amenazas que tienen por objeto impedir el legítimo ejercicio de un derecho fundamental como es la libertad religiosa, con la peculiaridad de poder ser sujeto pasivo una confesión religiosa y un agravante de cometerse en un lugar de culto.

Por otra parte, los delitos de genocidio y de lesa humanidad contienen igualmente la vulneración de la libertad religiosa dentro de su tipificación. Así, el Código Penal recoge igualmente en su artículo 607 (Capítulo II, Título XXIV, del Libro II) los delitos de genocidio, que son definidos de la siguiente manera:

Los que, con propósito de destruir total o parcialmente a un grupo nacional, étnico, racial o religioso, perpetraren alguno de los actos siguientes, serán castigados:

1º Con la pena de prisión de quince a veinte años, si mataran a alguno de sus miembros. Si concurrieran en el hecho dos o más circunstancias agravantes, se impondrá la pena superior en grado.

2º Con la prisión de quince a veinte años, si agredieran sexualmente a alguno de sus miembros o produjeran alguna de las lesiones previstas en el artículo 149.

3º Con la prisión de ocho a quince años, si sometieran al grupo o a cualquiera de sus individuos a condiciones de existencia que pongan en peligro su vida o perturben gravemente su salud, o cuando les produjeran algunas de las lesiones previstas en el artículo 150.

4º Con la misma pena, si llevaran a cabo desplazamientos forzosos del grupo o sus miembros, adoptaran cualquier medida que tienda a impedir su género de vida o reproducción, o bien trasladaran por la fuerza individuos de un grupo a otro.

5º Con la de prisión de cuatro a ocho años, si produjeran cualquier otra lesión distinta de las señaladas en los números 2º y 3º de este apartado. La difusión por cualquier medio de ideas o doctrinas que nieguen o justifiquen los delitos tipificados en el apartado anterior de este artículo, o pretendan la rehabilitación de regímenes o instituciones que amparen prácticas generadoras de los mismos, se castigará con la pena de prisión de uno a dos años.

Igualmente, en el artículo 607 bis (Capítulo II bis, Título XXIV, del Libro II) se contienen los delitos de lesa humanidad, definidos de la siguiente manera:

1. Son reos de delitos de lesa humanidad quienes cometan los hechos previstos en el apartado siguiente como parte de un ataque generalizado o sistemático contra la población civil o contra una parte de ella. En todo caso, se considerará delito de lesa humanidad la comisión de tales hechos:

1º Por razón de la pertenencia de la víctima a un grupo o colectivo perseguido por motivos políticos, raciales, nacionales, étnicos, culturales, religiosos o de género u otros motivos universalmente reconocidos como inaceptables con arreglo al derecho internacional.

2º En el contexto de un régimen institucionalizado de opresión y dominación sistemáticas de un grupo racial sobre uno o más grupos raciales y con la intención de mantener ese régimen.

2. Los reos de delitos de lesa humanidad serán castigados:

1º Con la pena de prisión de 15 a 20 años si causaran la muerte de alguna persona.

Se aplicará la pena superior en grado si concurriera en el hecho alguna de las circunstancias previstas en el artículo 139.

2

LAS FUENTES DEL DERECHO ECLESIÁSTICO DEL ESTADO

El derecho eclesiástico del Estado constituye un sistema dentro del ordenamiento jurídico del Estado. Como tal, participa del mismo sistema de fuentes que el resto de dicho ordenamiento. En este sentido, habrá que acudir al Código Civil, que en su artículo 1.1.º establece que: «las fuentes del ordenamiento jurídico español son la ley, la costumbre y los principios generales del derecho»; la costumbre solo regirá en defecto de ley aplicable, siempre que no sea contraria a la moral o al orden público y resulte probada, y los principios generales del derecho se aplicarán en defecto de ley o costumbre, sin perjuicio de su carácter informador del ordenamiento jurídico.

En términos generales, podemos decir entonces que las fuentes del derecho eclesiástico del Estado, en cuanto sistema jurídico, son aquellas referenciadas en aquel artículo 1 del Código Civil. No obstante, en todo caso, en relación con estas fuentes, si bien no son distintas del resto de las del ordenamiento jurídico, pueden señalarse dos características propias. Una de ellas es que persiguen regular un fenómeno peculiar como es el religioso, que escapa al propio Estado; y otra es su carácter multidisciplinar, ya que la regulación de la presencia del hecho religioso en el ámbito civil, que es el objeto propio del derecho eclesiástico del Estado, se encuentra dispersa en una multiplicidad de normas legales referidas a otros tantos ámbitos de la sociedad.

Una peculiaridad del derecho eclesiástico del Estado son las fuentes pactadas o acordadas con las confesiones religiosas, en la medida en que, como dice Cañivano Salvador (2007):

> Lo que individualiza el Derecho eclesiástico (como disciplina científica, rama del ordenamiento, área de conocimiento académico) es la existencia de las religiones como fenómeno social y de unos grupos organizados (confesiones) que se preocupan porque sus creencias religiosas tengan presencia en la sociedad y que ponen de manifiesto que sus creencias religiosas son importantes para una parte importante de la sociedad.

Una tradicional distinción de las fuentes del derecho las distingue bien por su procedencia u origen, bien por su jerarquía normativa (Satorras Fioretti, 2008: 49). Por su procedencia podemos distinguir, a su vez, entre fuentes unilaterales y pacticias. Por fuentes unilaterales entenderemos aquí las procedentes del Estado; y por fuentes pacticias, las procedentes de los acuerdos entre el Estado español y las confesiones religiosas y con otros Estados. En último término, por su procedencia incluiremos también las normas de los ordenamientos jurídicos confesionales que tienen relevancia jurídica en el ordenamiento del Estado (Lombardía y Fornés, 2007: 59).

Seguimos así la tradicional distinción de los profesores Lombardía y Fornés. En las fuentes pacticias distinguimos varios tipos de fuentes: los convenios internacionales de derechos humanos, el derecho de la Unión Europea y los acuerdos con las confesiones religiosas, diferenciando dentro de estos, a su vez, entre los concordatos con la Iglesia católica[35] y los acuerdos con otras confesiones religiosas. En las fuentes unilaterales distinguiremos dos principales: la Constitución española de 1978 y la Ley Orgánica 7/1980, de 5 de julio.

2.1. FUENTES UNILATERALES

2.1.1. La Constitución española de 1978

La Constitución española de 1978 es la norma de mayor rango de nuestro ordenamiento jurídico, clave de bóveda para su interpretación al facilitar que se entienda como un todo orgánico. En este sentido, cumple una doble función: normativa (fuente de validez) y política (configuración de los poderes del Estado) (Martín, Salido y Vázquez García-Peñuela, 2016: 33). Así, la influencia de la Constitución se decanta sobre todos los sectores del ordenamiento jurídico, cuyas disposiciones deberán ser aplicadas e interpretadas de conformidad con su contenido (Rodríguez Blanco, 2013: 34).

Ahora bien, que la Constitución sea la fuente más alta de nuestro ordenamiento jurídico y, por lo tanto, del derecho eclesiástico del Estado no quiere decir que sea la fuente última en una materia como es la libertad religiosa, pues:

> al contrario, la legitimidad material –la relativa al contenido–, en última instancia no procede de la Constitución como tal, porque ella misma –al igual que todo el ordenamiento positivo– no es autosuficiente, no es un sistema herméticamente cerrado incomunicable. Y no lo es porque su función es formalizar una materia social preexistente, cuya naturaleza objetiva es previa e independiente del sistema (Martínez Torrón, 1987: 130).

---

35 Los concordatos, desde la perspectiva del derecho internacional, formarían parte de lo que el profesor Carlos Corral Salvador denomina derecho eclesiástico internacional, que define como el «Derecho que regula las relaciones entre los sujetos del derecho de la comunidad internacional –en especial los Estados y las comunidades internacionales, universales o regionales– y las Iglesias dotadas de personalidad internacional –por ahora, sólo la Iglesia católica y, en su representación la Santa Sede– así como las normas convenidas entre aquéllos y ésta –es decir, el derecho concordatario o establecido mediante acuerdos o convenios que, en sentido propio pero amplio, se denomina concordatos» (Corral Salvador, 2009: 1).

Y es que, como hace referencia González del Valle (1991: 127), «la Constitución no inventó la idea de libertad religiosa, que es básica en el Derecho eclesiástico español, sino que esta idea ha sido simplemente asumida por la Constitución española. (…) La Constitución ni la formula ni pretende formularla, ni delimitarla». Estamos, en suma, ante un derecho humano fundamental previo a cualquier formalización jurídico-positiva.

Son básicos en este ámbito tres artículos de la Constitución: el 16, el 14 y el 27.3. Estos artículos, especialmente el 16 junto con la LOLR, integran lo que, a nuestro juicio, podemos denominar el «bloque de constitucionalidad» de la libertad religiosa[36]. Junto a estos artículos, en el texto constitucional existen otros que presentan igualmente una conexión sustancial con la libertad religiosa. Nos referimos a los artículos 1.1 y 9.2, y al artículo 10, en sus apartados 1.º y 2.º.

El artículo 16 se configura como clave en el bloque de constitucionalidad. Para Martínez Torrón (2009: 41), este artículo instaura «un sistema sin precedentes en nuestra historia constitucional, un verdadero giro copernicano en la actitud del Estado ante el hecho religioso». La novedad que resalta este autor es que el texto constitucional «huía de cualquier clase de monocroma orientación religiosa o laicista, y se construía un plano complejo en el que, teniendo cabida las relaciones institucionales entre Estado y confesiones religiosas, la libertad era criterio dominante».

En su apartado 1.º se garantiza «la libertad ideológica, religiosa y de culto de los individuos y las comunidades sin más limitación, en sus manifestaciones, que la necesaria para el mantenimiento del orden público protegido por la ley». Este apartado consagra la libertad religiosa como un derecho subjetivo de carácter fundamental[37] que, como sabemos, se concreta en el reconocimiento de un ámbito de libertad y de una esfera de *agere licere* del individuo; y, además, como un principio primario definidor de la actitud del Estado ante el fenómeno religioso presente en la sociedad española. Esta proclamación es coherente con los tratados internacionales de derechos humanos suscritos por el Estado español que consagran igualmente el derecho a la libertad religiosa, así como sus

---

36 Vid. el voto particular de Manuel Jiménez de Parga en la sentencia 6/2001, de 15 de febrero de 2001, apartados 1.º y 4.º, en los que el magistrado habla, en primer lugar, del artículo 16 y la LOLR, y luego de la Constitución en general y la LOLR como integrantes del bloque de constitucionalidad. A estos efectos, entendemos la noción de «bloque de constitucionalidad» la definición contenida en la sentencia del Tribunal Constitucional 56/1985, de 23 de mayo, FJ1, que señala que dicha noción compleja «hace referencia a un conjunto de disposiciones utilizables como parámetro de la legitimidad constitucional de las leyes».

37 Sentencia del Tribunal Constitucional 24/1982, de 13 de mayo, FJ1.

posibles limitaciones, que, en el ámbito internacional, vienen igualmente concretadas siempre en su dimensión externa, ya que no es posible en ningún caso el establecimiento de limitaciones a la dimensión interna de la libertad religiosa. Igualmente, interesa destacar el reconocimiento que en este apartado del artículo 16 se hace a la dimensión colectiva de la libertad religiosa y al reconocimiento de su titularidad por parte de los grupos religiosos.

El apartado 2.º del artículo 16 recoge la dimensión negativa de la libertad religiosa, al proclamar que: «nadie podrá ser obligado a declarar sobre su ideología, religión o creencias». Se trata de aquella inmunidad de coacción, pero esta vez en sentido negativo; es decir, el derecho a no declarar, directa o indirectamente, sobre las propias y más íntimas convicciones. Por su parte, el aparado 3.º recoge el principio de aconfesionalidad del Estado y de cooperación con las confesiones religiosas, con una mención explícita a la Iglesia católica, al proclamar que: «ninguna confesión tendrá carácter estatal. Los poderes públicos tendrán en cuenta las creencias religiosas de la sociedad española y mantendrán las consiguientes relaciones de cooperación con la Iglesia Católica y las demás confesiones».

Se instaura de este modo un Estado separado de las confesiones religiosas, pero regido por el principio de cooperación, «ya que la Constitución de 1978 no instaura un Estado laico, en el sentido francés de la expresión, propia de la III República, como una organización jurídico-política que prescinde de todo credo religioso, considerando que todas las creencias, como manifestación de la íntima conciencia de la persona, son iguales y poseen idénticos derechos y obligaciones». Y ello por cuanto la libertad religiosa «no sólo es un derecho fundamental, sino que debe ser entendida como uno de los principios constitucionales. El Estado se configura en una sociedad donde el hecho religioso es componente básico»[38] y valorado positivamente.

En estrecha conexión con el artículo 16, encontramos el artículo 14 de la Constitución, que establece el derecho a la igualdad y el principio de no discriminación en materia religiosa, al proclamar que: «los españoles son iguales ante la ley, sin que pueda prevalecer discriminación alguna por razón de nacimiento, raza, sexo, religión, opinión o cualquier otra condición o circunstancia personal o social». Se consagra así el ejercicio de la libertad de religión como una condición personal o factor comunitario sobre el que no cabe construir trato discriminatorio alguno.

---

38 Vid. el voto particular de Manuel Jiménez de Parga en la sentencia 46/2001, de 15 de febrero de 2001.

El articulo 27.3, por su parte, reconoce «el derecho que asiste a los padres para que sus hijos reciban la formación religiosa y moral que esté de acuerdo con sus propias convicciones». Este reconocimiento se configura con la consiguiente obligación constitucional de los poderes públicos de garantizarlo. Este derecho de los padres ha sido calificado:

> tanto como un derecho de autonomia frente a los poderes públicos, en el sentido de que mediante su reconocimiento queda prohibido el adoctrinamiento religioso o ideológico de los menores en los centros docentes contra la voluntad de sus padres, como un derecho de prestación, en el sentido de que exige la inclusión de la enseñanza de la religión en los contenidos formativos de la escuela.

Igualmente, guarda una estrecha conexión, como veremos, con la libertad de enseñanza proclamada en el artículo 27.1 en cuanto que el derecho a elegir centro educativo con una concreta orientación religiosa de su carácter propio forma parte del derecho a la libertad religiosa. Esta vinculación ha sido puesta de manifiesto por el propio Tribunal Constitucional, que, con ocasión de su sentencia 38/2007, de 15 de febrero[39], en relación con la inserción de la enseñanza de la religión católica en el sistema educativo señala que:

> dicha inserción (…) hace posible tanto el ejercicio del derecho de los padres de los menores a que éstos reciban la enseñanza religiosa y moral acorde con las convicciones de sus padres (art. 27.3 CE), como la efectividad del derecho de las Iglesias y confesiones a la divulgación y expresión públicas de su credo religioso, contenido nuclear de la libertad religiosa en su dimensión comunitaria o colectiva (art. 16.1 CE).

Junto a este conjunto de artículos que configuran lo que hemos venido a denominar bloque de constitucionalidad básico, encontramos en el texto constitucional un conjunto de otros artículos que guardan una estrecha conexión con la libertad religiosa. En primer lugar, nos encontramos con la proclamación en el artículo 1.1 de los valores constitucionales del ordenamiento jurídico de libertad, justicia, igualdad y el pluralismo político. El valor superior de la libertad no queda en una mera declaración de voluntad constitucional, sino que se encomienda a los poderes públicos la nuclear obligación prevista en el artículo 9.2 de «promover las condiciones para que la libertad y la igualdad del individuo y de los grupos en que se integra sean reales y efectivas; remover los obstáculos que impidan o dificulten su plenitud y facilitar la participación de todos los ciudadanos

---

39 Vid. su fundamento jurídico 5.°.

en la vida política, económica, cultural y social», configurando así el derecho a la libertad religiosa como un derecho de carácter prestacional. Carácter al que se refiere el propio Tribunal Constitucional[40] cuando, en referencia al conjunto de manifestaciones externas del derecho de libertad religiosa en relación con las obligaciones de los poderes públicos, demanda de estos «una actitud positiva», desde una perspectiva que pudiéramos llamar asistencial o prestacional, conforme a lo que dispone el apartado 3 del artículo 2 de la LOLR, según el cual:

> Para la aplicación real y efectiva de estos derechos [los que se enumeran en los dos anteriores apartados del precepto legal], los poderes públicos adoptarán las medidas necesarias para facilitar la asistencia religiosa en los establecimientos públicos militares, hospitalarios, asistenciales, penitenciarios y otros, bajo su dependencia, así como la formación religiosa en centros docentes públicos.

Igualmente, más allá de la conexión existente entre la libertad religiosa y la dignidad de la persona referida en el primer apartado del artículo 10 como uno de los elementos integrantes de la personalidad, hemos de señalar la previsión contenida en el apartado segundo, que, como dice Palomino Lozano (2015: 31), abre la Constitución al ámbito jurídico internacional y resulta sustancial en la determinación del contenido y alcance del derecho fundamental a la libertad religiosa, ya que, como señala también el Tribunal Constitucional en la anteriormente referida sentencia, se debe tener presente, a efectos interpretativos, lo dispuesto en la Declaración Universal de Derechos Humanos, concretamente en su artículo 18, así como en los demás tratados y acuerdos internacionales suscritos por nuestro país sobre la materia, de entre los que merece especial consideración lo dispuesto en el artículo 9 del Convenio Europeo de Derechos Humanos y la jurisprudencia del Tribunal Europeo de Derechos Humanos recaída con ocasión de la aplicación del mismo.

2.1.2. La Ley Orgánica 7/1980, de 5 de julio, de Libertad Religiosa

La Ley Orgánica 7/1980, de 5 de julio, de Libertad religiosa (LOLR) se dictó en desarrollo del artículo 16 de la Constitución y configura, junto a los ya citados artículos 14 y 27.3, el bloque de constitucionalidad básico del derecho de libertad religiosa. Se trata de una ley de rango orgánico, que son las destinadas para desarrollar los derechos fundamentales y las libertades públicas. A su entrada en vigor quedó derogada la Ley

---

40 Sentencia 46/2001, de 15 de febrero, FJ4.

44/1967, de 28 de junio, reguladora del derecho civil a la libertad en materia religiosa, que estableció un régimen de mera tolerancia religiosa y no de auténtica libertad. La ley supuso «un cambio radical respecto a su homónima de 1967 ya que aquélla partía del principio de confesionalidad del Estado –y trataba de cohonestar burdamente la libertad religiosa con dicho principio–, mientras que ésta parte del principio de aconfesionalidad» (Satorras Fioretti, 2008: 59).

La LOLR fue aprobada por mayoría absoluta en su votación final de conjunto, sin ningún voto en contra. En términos generales puede sostenerse que la ley, junto al desarrollo del derecho de la libertad religiosa en su dimensión individual, intenta regular la dimensión social del fenómeno religioso, específica y exclusivamente considerado (Martín *et al.*, 2016: 50). Por ello, una de las virtualidades de la LOLR es otorgar un régimen jurídico de derecho especial específico a las confesiones religiosas en la medida en que son una manifestación típicamente propia de aquella dimensión social. La LOLR es una ley breve que, además, carece de exposición de motivos. Consta de ocho artículos, dos disposiciones transitorias, una derogatoria y otra disposición final.

Como señala Suárez Pertierra (2023: 120), la LOLR recoge, de conformidad con la Constitución, los siguientes aspectos sobre el desarrollo del derecho de libertad religiosa:

a. Los diferentes contenidos de la libertad religiosa desde la dimensión individual.

b. Los diversos contenidos en los que se desenvuelve el derecho del sujeto colectivo de la libertad religiosa, los grupos, iglesias y confesiones religiosas, especialmente su autonomía y capacidad de autoorganización.

c. El sistema de adquisición de la personalidad jurídica en el derecho español de las entidades religiosas, razón por la que se crea el Registro de Entidades Religiosas.

d. La posibilidad de concluir acuerdos o convenios de colaboración cuando las confesiones cumplan determinadas condiciones y hayan alcanzado el notorio arraigo en la sociedad española.

e. La creación de la Comisión Asesora de Libertad Religiosa.

En cualquier caso, podemos señalar que la doble conceptualización de la libertad religiosa aparece reflejada en el desarrollo legislativo que se ha realizado en la LOLR: es decir, su consideración como derecho fundamental y como principio informador.

En términos generales, una lectura del texto normativo pone de manifiesto la existencia de dos partes perfectamente diferenciadas en esta ley. La primera de ellas recoge las derivaciones fundamentales de la libertad religiosa (artículos 1 y 2) (Palomino Lozano, 2015: 31), determina los límites en el ejercicio de la libertad religiosa y la exclusión de determinados grupos de la regulación contenida en ella (artículo 3), contemplando igualmente los medios de defensa de aquella libertad (artículo 4). La segunda parte, dedicada a la regulación de la dimensión institucional de la libertad religiosa, establece el cauce para la obtención de personalidad jurídica por parte de las iglesias, confesiones y comunidades religiosas (artículos 4 y 5), reconoce la autonomía de estas entidades en orden a su organización y regulación interna (artículo 6), establece la posibilidad de acuerdos con las confesiones religiosas (artículo 7) y crea la Comisión Asesora de Libertad Religiosa.

Así, el artículo 1 reitera las declaraciones previstas en los artículos 16 y 14 de la Constitución, garantizando el derecho fundamental a la libertad religiosa y de culto, el principio de no discriminación por el ejercicio de las creencias religiosas y el principio de aconfesionalidad. Por su parte, el artículo 2, adoptando como elemento característico la fórmula de inmunidad de coacción en su ejercicio, seguidamente hace enumeración en su apartado primero de un elenco no exhaustivo ni cerrado (Rodríguez Blanco, 2013: 40) de derechos integrantes del contenido esencial del derecho fundamental de libertad religiosa. Todos estos derechos, como ya hemos dicho con anterioridad, se declaran de manera positiva y son facultades que toda persona puede ejercer libremente, pero que también puede no ejercer o abstenerse de ejercer, lo que no conlleva, en ningún caso, su renuncia. Igualmente, en el apartado segundo refiere de manera más concreta otros derechos atribuidos en particular a las confesiones religiosas, como son:

> a establecer lugares de culto o de reunión con fines religiosos, a designar y formar a sus ministros, a divulgar y propagar su propio credo, y a mantener relaciones con sus propias organizaciones o con otras confesiones religiosas, sea en territorio nacional o en el extranjero.

Hecho el elenco del contenido de manifestaciones propias de la libertad religiosa, la LOLR determina a continuación el único límite a la autodeterminación y libre actuación de todo individuo en este ámbito. Así, el apartado primero del artículo 3 señala que el único límite posible a la dimensión externa de la libertad religiosa es:

la protección del derecho de los demás al ejercicio de sus libertades públicas y derechos fundamentales, así como la salvaguardia de la seguridad, de la salud y de la moralidad pública, elementos constitutivos del orden público protegido por la Ley en el ámbito de una sociedad democrática.

Un orden público que, como señala Mantecón Sancho (2023: 40), podemos entender como:

el conjunto de principios de orden moral, político, económico, y social que inspiran un determinado ordenamiento jurídico, y que se consideran vitales e irrenunciables para el mantenimiento, de manera justa y pacífica, de la convivencia democrática en una determinada sociedad. Entraña, pues, razón de *ius cogens,* y hace referencia directa al interés público de la sociedad (en definitiva, al bien común), frente al interés particular.

Por su parte, el apartado segundo del artículo 3 es interesante, en la medida en que constituye un intento de delimitar con carácter negativo lo que podemos entender por religión o grupos religiosos, al determinar que:

quedan fuera del ámbito de protección de la presente Ley las actividades, finalidades y Entidades relacionadas con el estudio y experimentación de los fenómenos psíquicos o parapsicológicos o la difusión de valores humanísticos o espiritualistas u otros fines análogos ajenos a los religiosos.

Esto quiere decir que la LOLR no regula el derecho de libertad ideológica ni de pensamiento (Lombardía y Fornés, 2007: 77).

A continuación, los artículos 5, 6 y 7 regulan la proyección institucional del derecho de libertad religiosa, a través de las iglesias, confesiones y comunidades religiosas. Así, el artículo 5 regula la atribución de personalidad jurídica de las confesiones a través de la inscripción en el Registro de Entidades Religiosas (RER) al señalar en su apartado primero que: «Las Iglesias, Confesiones y Comunidades religiosas y sus Federaciones gozarán de personalidad jurídica una vez inscritas en el correspondiente Registro público, que se crea, a tal efecto, en el Ministerio de Justicia». Una inscripción que:

se practicará en virtud de solicitud, acompañada de documento fehaciente en el que consten su fundación o establecimiento en España, expresión de sus fines religiosos, denominación y demás datos de identificación, régimen de funcionamiento y órganos representativos, con expresión de sus facultades y de los requisitos para su válida designación.

Por su parte, el artículo 6 reconoce a las confesiones religiosas inscritas en el RER la autonomía específica y propia de este tipo de organizaciones para determinar sus normas de organización, su régimen interno y su régimen de personal; y en ellos, así como en los que regulen las instituciones que creen para la realización de sus fines, podrán incluir cláusulas de salvaguarda de su identidad religiosa y carácter propio, así como del debido respeto a sus creencias, sin perjuicio del respeto de los derechos y libertades reconocidos por la Constitución, y en especial de los de libertad, igualdad y no discriminación.

Esta autonomía no debe entenderse como una mera concesión del Estado, sino resultado de una adecuada concepción de la laicidad estatal surgida sobre la base del propio dualismo cristiano (Martín *et al.*, 2016: 55). El apartado segundo de este artículo 6 reconoce igualmente la facultad de las confesiones religiosas de crear entidades menores de naturaleza asociativa o fundacional para el cumplimiento de sus propios fines religiosos.

El artículo 7.1 introduce, al amparo de la previsión del artículo 16.3 de la Constitución, una de las novedades más radicales (Rodríguez Blanco, 2013: 41) en el ordenamiento jurídico español, al establecer la posibilidad de que el Estado suscriba acuerdos de cooperación con confesiones religiosas distintas de la Iglesia católica, señalando que:

> El Estado, teniendo en cuenta las creencias religiosas existentes en la sociedad española, establecerá, en su caso, Acuerdos o Convenios de cooperación con las Iglesias, Confesiones y Comunidades religiosas inscritas en el Registro que por su ámbito y número de creyentes hayan alcanzado notorio arraigo en España. En todo caso, estos Acuerdos se aprobarán por Ley de las Cortes Generales.

El artículo 8 crea la Comisión Asesora de Libertad Religiosa como órgano paritario y estable entre el Estado y las confesiones religiosas con notorio arraigo, con la finalidad del «estudio, informe y propuesta de todas las cuestiones relativas a la aplicación de esta Ley, y particularmente, y con carácter preceptivo, en la preparación y dictamen de los Acuerdos o Convenios de cooperación a que se refiere el artículo anterior». La Comisión se regula por el Real Decreto 932/2013, de 29 de noviembre, por el que se regula la Comisión Asesora de Libertad Religiosa y que tiene por objeto desarrollar el artículo 8 de la Ley Orgánica 7/1980, de 5 de julio, de Libertad Religiosa, con relación a las competencias, composición, organización y funcionamiento de aquella.

Respecto a la posición de la LOLR en el sistema de fuentes, podemos decir que, en aplicación del principio de jerarquía normativa y de especialidad, se aplicará con carácter supletorio en todo aquello que no regulen los acuerdos entre la Santa Sede y el Estado español en lo que respecta a la Iglesia católica, y en todo aquello que no regulen los acuerdos de cooperación de 1992 del Estado con las confesiones minoritarias firmantes.

2.2. LAS FUENTES PACTICIAS

Las fuentes pacticias constituyen una fuente tradicional y propia del derecho eclesiástico del Estado. Dentro de este tipo de fuentes distinguiremos aquellas que proceden de lo que podría denominarse derecho eclesiástico internacional (Corral Salvador, 2012), fruto del pacto o convenio internacional entre los Estados para reconocer y regular el derecho fundamental de libertad religiosa a nivel internacional, de aquellas fuentes que proceden del acuerdo o pacto entre el Estado español y las propias confesiones religiosas.

2.2.1. El derecho eclesiástico internacional y regional

En virtud del artículo 10.2 de la Constitución, la noción de libertad religiosa que se recoge en los diferentes instrumentos internacionales ratificados por el Estado español se convierte en criterio interpretativo de este derecho fundamental. De ahí la importante función hermenéutica que para determinar el contenido de este derecho tienen estos tratados internacionales sobre derechos humanos de los que España forma parte[41], sin perder de vista que, como ha señalado el propio Tribunal Constitucional[42], la ratificación de los mismos por nuestra nación:

> no convierte a tales tratados y acuerdos internacionales en canon autónomo de validez de las normas y actos de los poderes públicos desde la perspectiva de los derechos fundamentales (...). El 10.2 es una fuente interpretativa que contribuye a la mejor identificación del contenido de los derechos cuya tutela se pide a ese Tribunal Constitucional.

En la determinación de estos textos internacionales diferenciamos entre aquellos del ámbito universal de Naciones Unidas (que incluimos en la denominación de derecho eclesiástico internacional) y aquellos otros del ámbito regional europeo del Consejo de Europa y de la Unión Europea.

---

41 Vid. las sentencias del Tribunal Constitucional 38/1985, de 8 de marzo, y 91/2000, de 30 de marzo.

42 Vid. sentencia 64/1991, de 22 de marzo, FJ4.

a) El derecho eclesiástico internacional

En el ámbito de las Naciones Unidas, el primer y fundamental documento que debe señalarse es la Declaración Universal de Derechos Humanos de 18 de diciembre de 1948, en particular su artículo 18, que establece que:

> toda persona tiene derecho a la libertad de pensamiento, de conciencia y de religión; este derecho incluye la libertad de cambiar de religión o de creencia, así como la libertad de manifestar su religión o su creencia, individual y colectivamente, tanto en público como en privado, por la enseñanza, la práctica, el culto y la observancia.

Con la finalidad de dar efectividad jurídica a esta Declaración, el 19 de diciembre de 1966 se firmó en Nueva York el Pacto Internacional de Derechos Civiles y Políticos (PIDCyP). Esta Pacto proclama el derecho a la libertad religiosa en similares términos que la Declaración Universal, pero añade dos cuestiones importantes: una, la posibilidad de limitaciones a la libertad religiosa siempre que estén prescritas por la ley y sean necesarias para proteger la seguridad, el orden, la salud o la moral públicas, o los derechos y libertades fundamentales de los demás; otra, la obligación asumida por los Estados partes de respetar la libertad de los padres y, en su caso, de los tutores legales, para garantizar que los hijos reciban la educación religiosa y moral que esté de acuerdo con sus propias convicciones.

El órgano encargado de velar por el cumplimiento de este PIDCyP es el Comité de Derechos Humanos, que es un organismo formado por expertos independientes. Los mecanismos de control con los que cuenta el Comité para velar por el cumplimiento del Pacto son los cuatro siguientes: control por la vía de información suministrada por los Estados partes; control por la vía de reclamación interestatal; control por la vía de reclamación de particulares afectados; y la elaboración de observaciones generales.

En este ámbito de las observaciones generales, es importante el desarrollo que del artículo 18 del PIDCyP hace la Observación General número 22 del Comité de Derechos Humanos sobre libertad de pensamiento, de conciencia y de religión, de 30 de julio de 1993, en la que se expone con detalle el alcance, a juicio del Comité, del derecho a la libertad de pensamiento, de conciencia y de religión, y especialmente en la protección a las convicciones teístas y no teístas.

Igualmente, merece también atención la Declaración sobre la eliminación de todas las formas de intolerancia y discriminación fundadas en la religión o las convicciones, de la Asamblea General de Naciones Unidas, de 25 de noviembre de 1981. Su artículo 6 destaca por ofrecer un elenco más detallado de manifestaciones de la libertad religiosa. Así, señala que el derecho a la libertad de pensamiento, de conciencia, de religión o de convicciones comprenderá, en particular, las libertades siguientes:

a. la de practicar el culto o celebrar reuniones en relación con la religión o las convicciones, y fundar y mantener lugares para esos fines;

b. la de fundar y mantener instituciones de beneficencia o humanitarias adecuadas;

c. la de confeccionar, adquirir y utilizar en cantidad suficiente los artículos y materiales necesarios para los ritos o costumbres de una religión o convicción;

d. la de escribir, publicar y difundir publicaciones pertinentes en esas esferas;

e. la de enseñar la religión o las convicciones en lugares aptos para esos fines;

f. la de solicitar y recibir contribuciones voluntarias financieras y de otro tipo de particulares e instituciones;

g. la de capacitar, nombrar, elegir y designar por sucesión los dirigentes que correspondan según las necesidades y normas de cualquier religión o convicción;

h. la de observar días de descanso y celebrar festividades y ceremonias de conformidad con los preceptos de una religión o convicción;

i. la de establecer y mantener comunicaciones con individuos y comunidades acerca de cuestiones de religión o convicciones en el ámbito nacional y en el internacional.

b) Ámbito regional europeo del Consejo de Europa y de la Unión Europea

El Convenio para la Protección de los Derechos Humanos y de las Libertades Fundamentales, hecho en Roma el 4 de noviembre de 1950 (CEDH), es el texto internacional a través del cual el Consejo de Europa recoge el conjunto de derechos fundamentales para su propio ámbito y a partir de la propia Declaración Universal de Derechos Humanos. En particular, el derecho a la libertad religiosa se recoge en sus artículos 9 y 14 y en el artículo 2 de su protocolo adicional I.

El artículo 9 del CEDH establece que:

> 1. Toda persona tiene derecho a la libertad de pensamiento, de conciencia y de religión; este derecho implica la libertad de cambiar de religión o de convicciones, así como la libertad de manifestar su religión o sus convicciones individual o colectivamente, en público o en privado, por medio del culto, la enseñanza, las prácticas y la observancia de los ritos.
>
> 2. La libertad de manifestar su religión o sus convicciones no puede ser objeto de más restricciones que las que, previstas por la ley, constituyen medidas necesarias, en una sociedad democrática, para la seguridad pública, la protección del orden, de la salud o de la moral públicas, o la protección de los derechos o las libertades de los demás.

Por su parte, el artículo 14 proclama el principio de no discriminación al señalar que:

> el goce de los derechos y libertades reconocidos en el presente Convenio ha de ser asegurado sin distinción alguna, especialmente por razones de sexo, raza, color, lengua, religión, opiniones políticas u otras, origen nacional o social, pertenencia a una minoría nacional, fortuna, nacimiento o cualquier otra situación.

En el artículo 2 de su protocolo adicional I se establece la obligación de los Estados partes de respetar «el derecho de los padres a asegurar esta educación y esta enseñanza conforme a sus convicciones religiosas y filosóficas».

La importancia de este Convenio reside en el establecimiento del mecanismo de su garantía en la figura del Tribunal Europeo de Derechos Humanos, con sede en Estrasburgo, órgano judicial internacional ante el que los particulares y los Estados pueden presentar denuncias de violaciones de los derechos reconocidos en el CEDH.

En relación con el derecho de la Unión Europea, interesa señalar, primeramente, que se trata de un sistema jurídico supranacional que constituye verdadero derecho interno de los Estados miembros. En este sentido, nos encontramos ante un acervo comunitario que resulta de aplicación directa en cada Estado miembro, que crea derechos y obligaciones para los ciudadanos y que prevalece sobre el derecho interno.

El Tratado de la Unión Europea (TUE) aprobado en Maastricht en 1992 y modificado en Lisboa en 2007, en vigor desde 2009, establece en su artículo 2 que la Unión se fundamenta en los valores de respeto de la dignidad humana, libertad, democracia, igualdad, Estado de derecho y respeto de los derechos humanos, incluidos los derechos de las personas pertenecientes a minorías. Por su parte, el artículo 6, en sus apartados 1.º y 3.º, señala la adhesión de la Unión al CEDH y el valor de la Carta de los Derechos Fundamentales de la Unión como derecho primario, al afirmar:

> 1. La Unión reconoce los derechos, libertades y principios enunciados en la Carta de los Derechos Fundamentales de la Unión Europea de 7 de diciembre de 2000, tal como fue adaptada el 12 de diciembre de 2007 en Estrasburgo, la cual tendrá el mismo valor jurídico que los Tratados.
>
> (…)
>
> 3. Los derechos fundamentales que garantiza el Convenio Europeo para la Protección de los Derechos Humanos y de las Libertades Fundamentales y los que son fruto de las tradiciones constitucionales comunes a los Estados miembros formarán parte del Derecho de la Unión como principios generales.

En este ámbito, el paso más decisivo hacia la protección de los derechos fundamentales en la Unión Europea será la entrada en vigor del Tratado de Lisboa, que atribuirá a la Carta de Derechos Fundamentales el valor jurídico de los tratados, es decir, de derecho primario de la Unión. Este carácter vinculante conlleva que el Tribunal de Justicia de la Unión Europea (TJUE) puede aplicar su contenido para examinar la validez del Derecho de la Unión y su observancia por la propia Unión y sus Estados miembros (Cañamares Arribas, 2023: 23). En este orden, el TJUE ha tenido ocasión de pronunciarse sobre cuestiones muy diversas relacionadas con la libertad religiosa, por ejemplo, podemos mencionar: 1) en materia de vestimenta religiosa, las sentencias C-804/18 - IX y WABE eV y C-341/19 - MH Muller Handles GmbH y MJ, de 15 de julio de 2021; 2) en materia de relevancia de la religión en la contratación de trabajadores por las confesiones religiosas, la sentencia C-414/16 - Egenberger y Evangelisches Werk für Diakonie und Entwicklung eV, de 17 de abril de 2018; y 3) en materia de discriminación laboral, la sentencia C-68/17 - IR y JQ, de 11 de septiembre de 2018, o la sentencia C-193/17 - Cresco Investigation, de 22 de enero de 2019.

La Carta de los Derechos Fundamentales de la Unión Europea, de 7 de diciembre de 2000, recoge en un único texto y por primera vez en la historia de la Unión el conjunto de derechos civiles, políticos, económicos y sociales de los ciudadanos europeos (Lombardía y Fornés, 2007: 64):

> que emanan, en particular, de las tradiciones constitucionales y las obligaciones internacionales comunes a los Estados miembros, del Convenio Europeo para la Protección de los Derechos Humanos y de las Libertades

Fundamentales, las Cartas Sociales adoptadas por la Unión y por el Consejo de Europa, así como de la jurisprudencia del Tribunal de Justicia de la Unión Europea y del Tribunal Europeo de Derechos Humanos[43].

En su artículo 10 se proclama que:

toda persona tiene derecho a la libertad de pensamiento, de conciencia y de religión. Este derecho implica la libertad de cambiar de religión o de convicciones, así como la libertad de manifestar su religión o sus convicciones individual o colectivamente, en público o en privado, a través del culto, la enseñanza, las prácticas y la observancia de los ritos.

La Carta, además de favorecer la integración política, constituye un mecanismo que refuerza el sistema de protección de los derechos fundamentales en la Unión, desde el momento en que los derechos en ella proclamados no son mera expresión de valores, sino auténticos títulos que permiten exigir jurídicamente del poder acciones u omisiones determinadas (Hermida del Llano, 2012: 197).

Por su parte, el artículo 17 del Tratado de Funcionamiento de la Unión Europea (TFUE), establece que la Unión respetará y no prejuzgará el estatuto reconocido en los Estados miembros, en virtud del derecho interno, a las iglesias y las asociaciones o comunidades religiosas. A la vez que reconoce su identidad y su aportación específica, obligándose a mantener un diálogo abierto, transparente y regular con dichas iglesias y organizaciones. Esta declaración tiene su razón de ser en el heterogéneo conjunto de relaciones entre los diferentes Estados miembros de la Unión y las confesiones religiosas en cada uno de ellos, así como los diferentes sistemas históricos tradicionales de relación en cada uno de ellos, que impide configurar un régimen homogéneo del tratamiento del factor religioso institucional en el marco de la Unión (Rossell, 2020: 51).

En este ámbito de la Unión Europea, interesa destacar la importancia de una norma de derecho derivado como es la Directiva 2000/78/CE del Consejo, de 27 de noviembre de 2000, relativa al establecimiento de un marco general para la igualdad de trato en el empleo y la ocupación, en especial su artículo 4. La Directiva tiene por objeto establecer un marco general para luchar contra la discriminación por motivos de religión o convicciones, de discapacidad, de edad o de orientación sexual en el ámbito del empleo y la ocupación, con el fin de que en los Estados miembros se aplique el principio de igualdad de trato, firmemente establecido en un amplio conjunto de normas comunitarias. Para ello, se pretende

---

43 DOUE 83/389, de 30 de marzo de 2010.

combatir la discriminación por motivos de religión o convicciones, discapacidad, edad u orientación sexual que pueden poner en peligro el logro de un alto nivel de empleo y de protección en la Unión, prohibiéndose toda discriminación directa o indirecta por dichos motivos.

Como ya hemos señalado, la Unión Europea ha reconocido explícitamente que respeta y no prejuzga el estatuto reconocido, en virtud del derecho nacional, a las iglesias y las asociaciones o comunidades religiosas en los Estados miembros. En consecuencia, los Estados miembros pueden mantener o establecer disposiciones específicas en este ámbito sobre los requisitos profesionales esenciales, legítimos y justificados que pueden exigirse para ejercer una actividad profesional.

Y es aquí donde entra en juego la autonomía de las confesiones religiosas, en cuanto empleadoras, y el principio de igualdad de trato y no discriminación a través de la exigencia de requisitos profesionales vinculados al factor religioso para el acceso y mantenimiento del empleo. En este orden, y con la finalidad de conciliar los derechos en juego, el artículo 4.1 de la Directiva establece respecto de los requisitos profesionales que:

> 1. No obstante lo dispuesto en los apartados 1 y 2 del artículo 2, los Estados miembros podrán disponer que una diferencia de trato basada en una característica relacionada con cualquiera de los motivos mencionados en el artículo 1 no tendrá carácter discriminatorio cuando, debido a la naturaleza de la actividad profesional concreta de que se trate o al contexto en que se lleve a cabo, dicha característica constituya un requisito profesional esencial y determinante, siempre y cuando el objetivo sea legítimo y el requisito, proporcionado.

Y en este sentido, el artículo 4.2 viene a introducir una excepción al principio de igualdad de trato en el caso de las iglesias o confesiones religiosas respecto al acceso o mantenimiento del empleo, siempre y cuando los requisitos profesionales vinculados al puesto de trabajo y en conexión con la religión o las convicciones personales tengan las notas de esencial, legítimo y proporcionado.

> 2. Los Estados miembros podrán mantener en su legislación nacional vigente el día de adopción de la presente Directiva, o establecer en una legislación futura que incorpore prácticas nacionales existentes el día de adopción de la presente Directiva, disposiciones en virtud de las cuales en el caso de las actividades profesionales de iglesias y de otras organizaciones públicas o privadas cuya ética se base en la religión o las convicciones de una persona, por lo que respecta a las actividades profesionales de estas

organizaciones, no constituya discriminación una diferencia de trato basada en la religión o las convicciones de una persona cuando, por la naturaleza de estas actividades o el contexto en el que se desarrollen, dicha característica constituya un requisito profesional esencial, legítimo y justificado respecto de la ética de la organización. Esta diferencia de trato se ejercerá respetando las disposiciones y principios constitucionales de los Estados miembros, así como los principios generales del Derecho comunitario, y no podrá justificar una discriminación basada en otro motivo.

En suma, siempre y cuando sean respetadas, las disposiciones de la presente Directiva se entenderán sin perjuicio del derecho de las iglesias y de las demás organizaciones públicas o privadas, cuya ética se base en la religión o las convicciones, que, actuando de conformidad con las disposiciones constitucionales y legislativas nacionales, podrán exigir a las personas que trabajen para ellas una actitud de buena fe y de lealtad hacia la ética de la organización, incluso acrecentada.

2.2.2. Acuerdos entre el Estado y las confesiones religiosas

a) Acuerdos entre el Estado español y la Iglesia católica: los concordatos

En nuestra tradición jurídica, a los acuerdos celebrados entre la Santa Sede y el Estado español se los ha denominado tradicionalmente concordatos. Los concordatos, con independencia del nombre que se les asigne (concordato, acuerdo, *modus vivendi,* protocolo), son convenios o pactos que revisten las formas ordinarias diplomáticas y contienen una regulación general y completa del régimen de la Iglesia católica en un determinado país (Corral Salvador, 2009: 5) o, como señala Martín de Agar (2012: 431):

> en la doctrina y en el lenguaje corriente se sigue llamando concordatos a aquellos convenios de la Santa Sede con las naciones o con otras sociedades políticas (c. 3 CIC de 1983, c. 4 del CCEO; cf c. 3 del CIC de 1917) que reglamentan la posición y actividad de la Iglesia y sus entes en el ordenamiento civil.

Este régimen peculiar y propio de la Iglesia católica en sus acuerdos con los Estados es posible porque viene actuando en el orden internacional al mismo nivel que estos; es decir, por el reconocimiento histórico por parte de los Estados de la personalidad jurídica internacional de la Santa Sede, ya desde el siglo VIII.

Los concordatos con la Iglesia católica suponen un paradigma del derecho pacticio entre los Estados y las confesiones religiosas, y constituyen históricamente un instrumento jurídico muy versátil y adecuado para vertebrar las relaciones entre el poder civil y el religioso. Su caracterización a través del tiempo (especialmente, a partir del Concilio Vaticano II) los han ido convirtiendo, más que en un instrumento orientado a mantener viejos privilegios de la Iglesia católica para el logro de su propia misión, en un instrumento pacticio muy eficaz para la salvaguardia y tutela de la libertad religiosa con carácter general y la identidad cristiana, en su caso (Blanco, 2008: 23).

La sede apostólica o Santa Sede posee una subjetividad internacional que no deja de ser peculiar, por cuanto está fundada en su carácter de autoridad espiritual universal, no político-territorial, que ha venido secularmente reconocida de hecho y de derecho por parte de los Estados (Martín de Agar, 2012: 434). Esta personalidad internacional se manifiesta en su derecho de legación activa y pasiva *(ius legationis),* la función de ser árbitro o mediador en controversias internacionales *(ius fœderum),* el derecho a participar y a presentar sus opiniones en organismos internacionales y ser miembro de los mismos, así como la facultad de suscribir acuerdos de derecho internacional público, con las consecuencias inherentes a este tipo de normas internacionales, constituyendo de esta manera una peculiar y típica fuente pacticia del derecho eclesiástico del Estado. Su posición en el sistema de fuentes del ordenamiento jurídico español es el propio de los tratados internacionales.

En consecuencia, «en razón de la forma de gestación y de la naturaleza del sujeto con el que el Estado concuerda, los acuerdos concordatarios son negocios jurídicos de derecho público externo, celebrados por vía diplomática» (Lombardía y Fornés, 2007: 66) y por lo tanto tienen naturaleza jurídica de verdadero tratado internacional, sujetos al marco jurídico propio de los tratados internacionales, como la Convención de Viena sobre el Derecho de los Tratados de 1969, con sus propias reglas jurídicas específicas en orden a la determinación de los sujetos, elaboración, interpretación y extinción de la relación concordataria (González del Valle, 1991: 75).

La celebración de los concordatos consta básicamente de los siguientes pasos:

1. Negociación: por medio de los respectivos plenipotenciarios que fijan las materias y los términos del acuerdo.
2. Firma: que finaliza el proceso de negociación por parte de los plenipotenciarios, que suelen ser el jefe del Gobierno respectivo y el cardenal secretario de Estado.

3. Ratificación: mediante los instrumentos de ratificación correspondientes que corresponden al jefe de Estado respectivo y al romano pontífice.

4. Publicación: en los respectivos boletines oficiales de las partes.

La interpretación de los concordatos deberá hacerse «de buena fe conforme al sentido corriente que haya de atribuirse a los términos del tratado en el contexto de éstos y teniendo en cuenta su objeto y fin»[44]. La terminación o denuncia de los concordatos habrá de hacerse de conformidad con las previsiones en ellos contenidas o de la Convención de Viena sobre el Derecho de los Tratados; entre las causas podemos citar: a) cláusulas resolutorias; b) cumplimiento de las cláusulas; c) mutuo acuerdo de las partes; d) denuncia por incumplimiento de obligaciones; d) cláusula *rebus sic stantibus;* e) cambio de una de las partes.

En España, en sustitución del anterior Concordato de 1953, existen en la actualidad una variedad de instrumentos bilaterales que constituyen un conjunto normativo y que, podemos decir, equivalen a un nuevo concordato en su totalidad, al tratar todos ellos de las materias que anteriormente se encuadraban en el Concordato de 1953 (Fornés, 1980). Son el Acuerdo de 28 de julio de 1976[45] (sobre renuncia a la presentación de obispos y al privilegio del fuero) y cuatro Acuerdos de 3 de enero de 1979[46] (sobre asuntos jurídicos, sobre enseñanza y asuntos culturales, sobre asistencia religiosa a las Fuerzas Armadas y servicio militar de clérigos y religiosos; y sobre asuntos económicos).

La internacionalidad de estos acuerdos no ofrece dudas (Rodríguez Blanco, 2013: 51) y ha sido reconocida por la jurisprudencia del propio Tribunal Constitucional[47]. En este sentido, cabe señalarse que los acuerdos, tras la aprobación en las Cortes Generales, fueron ratificados por el jefe de Estado español y el intercambio de instrumentos de ratificación tuvo lugar el 4 de diciembre de 1979, todo ello de conformidad con el artículo 94.1 de la Constitución española, relativo a los tratados internacionales, que establece que:

> La prestación del consentimiento del Estado para obligarse por medio de tratados o convenios requerirá la previa autorización de las Cortes Generales, en los siguientes casos: a) Tratados de carácter político. b) Tratados o

---

44 Convención de Viena sobre los Tratados, artículo 31.

45 Publicado en el *BOE,* n.° 230, de 24 de septiembre de 1976.

46 Publicado en el *BOE,* n.° 300, de 15 de diciembre de 1979.

47 Sentencias 24/1982, de 13 de mayo, y 231/1982, de 12 de noviembre, entre otras.

convenios de carácter militar. c) Tratados o convenios que afecten a la integridad territorial del Estado o a los derechos y deberes fundamentales establecidos en el Título I. d) Tratados o convenios que impliquen obligaciones financieras para la Hacienda Pública. e) Tratados o convenios que supongan modificación o derogación de alguna ley o exijan medidas legislativas para su ejecución.

Otro tanto ocurre con su constitucionalidad, que ha sido reconocida expresamente por el propio Tribunal Constitucional en diversas sentencias, entre otras la 38/2007, de 15 de febrero de 2007 (Moreno Botella y Corral Salvador, 2005).

Estos acuerdos, en la medida en que tienen naturaleza de tratado internacional, vinculan plenamente al legislador español al entrar a formar parte de nuestro ordenamiento jurídico con plena validez, en aplicación del artículo 96.1 de la Constitución, que establece que:

> Los tratados internacionales válidamente celebrados, una vez publicados oficialmente en España, formarán parte del ordenamiento interno. Sus disposiciones sólo podrán ser derogadas, modificadas o suspendidas en la forma prevista en los propios tratados o de acuerdo con las normas generales del Derecho internacional.

El Acuerdo de 28 de julio de 1976, sobre renuncia a la presentación de obispos y al privilegio del fuero, es un acuerdo marco que sentó las bases de las negociaciones de los acuerdos posteriores de 1979 y sobre la base de los presupuestos programáticos que contiene su Preámbulo. Destaca por constituir un instrumento legal que dio paso desde un sistema confesional a un sistema de plena separación entre la Iglesia católica y el Estado español:

> en el que las relaciones Iglesia-Estado iban a discurrir por unos cauces distintos a los contemplados en el Concordato de la época franquista y más acordes con la atmósfera jurídica que se respiraba tras el Concilio vaticano II y la consolidación de los derechos humanos a nivel internacional y en la mayoría de las democracias de Europa Occidental (Rodríguez Blanco, 2013: 43).

En su virtud, el Estado renunciaba al privilegio propio de los sistemas regalistas de designación de obispos por parte de la autoridad civil, cambiándolo por uno de prenotificación oficiosa, salvando así el principio de *libertas ecclesiæ*. Por su parte, la Iglesia católica renunciaba al privilegio medieval del fuero eclesiástico por el que los clérigos estaban únicamente sujetos a la justicia de los tribunales eclesiásticos, quedando así a salvo el principio de igualdad de todos los ciudadanos ante la ley.

Del Acuerdo de 1976 interesa resaltar que su artículo II.2, que deroga el citado privilegio del fuero, establece el sistema de mera notificación en causas penales de clérigos o religiosos, y en el artículo II.3 se reconoce el secreto de confesión, al señalarse que: «En ningún caso los clérigos y los religiosos podrán ser requeridos por los jueces u otras Autoridades para dar información sobre personas o materias de que hayan tenido conocimiento por razón de su ministerio». Igualmente, en el artículo II.4 se manifiesta que se reconoce y respeta por parte del Estado español «la competencia privativa de los Tribunales de la Iglesia en los delitos que violen exclusivamente una Ley eclesiástica conforme al Derecho Canónico. Contra las sentencias de estos Tribunales no procederá recurso alguno ante las Autoridades civiles».

Los acuerdos de 1979 regulan un conjunto de materias diversas. El Acuerdo sobre Asuntos Jurídicos reconoce cuestiones tan importantes como:

a. la garantía del libre y público ejercicio de las actividades que le son propias y en especial las de culto, jurisdicción y magisterio;

b. el reconocimiento de la personalidad jurídica y autonomía organizativa de la Iglesia;

c. la inviolabilidad de los lugares de culto;

d. el reconocimiento como días festivos de todos los domingos;

e. el reconocimiento y garantía del ejercicio del derecho a la asistencia religiosa de los ciudadanos internados en establecimientos penitenciarios, hospitales, sanatorios, orfanatos y centros similares, tanto privados como públicos;

f. el reconocimiento de los efectos civiles al matrimonio celebrado según las normas del derecho canónico y la eficacia civil de las resoluciones eclesiásticas de nulidad o de la decisión pontificia sobre matrimonio rato y no consumado.

El Acuerdo sobre Asuntos Económicos determina el régimen de financiación y tributación de la Iglesia católica y sus entidades. Por su parte, el Acuerdo sobre Enseñanza y Asuntos Culturales regula la enseñanza de la religión católica en los centros docentes públicos y el ejercicio de la función de la enseñanza por parte de la Iglesia católica; igualmente, regula cuestiones relativas al patrimonio artístico e histórico, así como la protección de los sentimientos religiosos católicos en los medios de comunicación. El Acuerdo sobre Asistencia Religiosa a las Fuerzas Armadas y Servicio Militar de Clérigos y Religiosos regula la asistencia religiosa a los miembros del Ejército, así como las medidas aplicables a religiosos y sacerdotes en el cumplimiento del servicio militar.

Los efectos principales del contenido de estos acuerdos, como de los concordatos en general y como fuentes del derecho, vendrán a ser el conjunto de obligaciones que las partes contraen para que existan normas con un determinado contenido en el ámbito de sus respectivos ordenamientos internos, especialmente del estatal, como es nuestro caso (Lombardía y Fornés, 2007: 66).

Junto a estos acuerdos internacionales entre la Santa Sede y el Estado español, continúan vigentes otros dos: el Convenio entre la Santa Sede y el Estado español sobre el reconocimiento, a efectos civiles, de los estudios de ciencias no eclesiásticas realizados en España en universidades de la Iglesia (*BOE* de 20 de julio de 1962) y el Acuerdo entre la Santa Sede y el Estado español sobre asuntos de interés común en Tierra Santa (*BOE* de 4 de julio 1995).

b) Los acuerdos de cooperación con otras confesiones religiosas

Nuestra Constitución configura el Estado como social y democrático de derecho (artículo 1.2). Entre las consecuencias derivadas de esta configuración, la Constitución contiene varias vías de participación de la sociedad civil a través de organizaciones sociales, también en el ámbito religioso. En este ámbito, encontramos una explicitación de esta participación en el principio de cooperación con las confesiones religiosas contemplado en el artículo 16.3, que parte de una valoración positiva del factor religioso presente en la sociedad. La conjugación de estas ideas lleva a considerar como una de las manifestaciones más propias de esa cooperación el posibilitar a las confesiones religiosas la participación activa en la determinación de sus estatus jurídicos en el ámbito del ordenamiento jurídico. Pues bien, «en la esfera religiosa, la manifestación más importante de aquella democracia participativa y de la legislación negociada son los Acuerdos que, como instrumentos formales que encauzan la cooperación, introduce en el ordenamiento español el artículo 7 de la LOLR» (Motilla de la Calle, 2009: 857). Por lo tanto, cabe entender que el fundamento constitucional de estos acuerdos deriva del principio de cooperación previsto en el artículo 16.3 de la Constitución, e indirectamente en cuanto constituyen un instrumento de hacer efectiva la libertad religiosa en aplicación del artículo 9.2 de la misma (García Pardo, 1999: 60).

Así es como una de las mayores novedades que introdujo la LOLR fue la posibilidad de suscribir acuerdos de cooperación entre el Estado y las confesiones religiosas reconocida en su artículo 7, que establece que:

> Uno. El Estado, teniendo en cuenta las creencias religiosas existentes en la sociedad española, establecerá, en su caso, Acuerdos o Convenios de cooperación con las Iglesias, Confesiones y Comunidades religiosas inscritas en el Registro que por su ámbito y número de creyentes hayan alcanzado notorio arraigo en España. En todo caso, estos Acuerdos se aprobarán por Ley de las Cortes Generales.

> Dos. En los Acuerdos o Convenios, y respetando siempre el principio de igualdad, se podrá extender a dichas Iglesias, Confesiones y Comunidades los beneficios fiscales previstos en el ordenamiento jurídico general para las Entidades sin fin de lucro y demás de carácter benéfico.

Este artículo 7 de la LOLR viene a desarrollar la posibilidad reconocida en el propio artículo 16.3 de la Constitución, atendiendo al notorio arraigo que las confesiones hayan alcanzado en el Estado español. Estos acuerdos se aprobarán por ley de las Cortes Generales; en consecuencia, a diferencia de los acuerdos con la Iglesia católica, se trata de normas de derecho público interno, y no tienen el carácter de normas o tratados internacionales, sino de leyes ordinarias, ya que las confesiones religiosas con las que se suscriben carecen de personalidad jurídica internacional. Además, hay que tener en cuenta que, a diferencia de la Iglesia católica, el resto de los ordenamientos confesionales son de carácter secundario o derivado en relación con el ordenamiento estatal. Su posición en el sistema de fuentes de nuestro ordenamiento jurídico español es el propio de las leyes ordinarias.

En cuanto a las características de estos acuerdos, pueden señalarse las siguientes:

1. Se pueden celebrar con aquellas confesiones que cumplan dos requisitos: estar inscritas en el Registro de Entidades Religiosas y haber alcanzado notorio arraigo en España por su ámbito y número de creyentes.

2. Los acuerdos son suscritos, por una parte, por el Gobierno en el ejercicio de su función ejecutiva y, por otra parte, por las confesiones religiosas a través de los órganos que las representan a estos efectos. Dicho acuerdo no es una norma jurídica en cuanto tal hasta que no es incorporado a la ley ordinaria que los contiene.

3. Una vez que el acuerdo es aprobado como ley en las Cortes Generales, ratificado y publicado en el *BOE,* pasa a formar parte de nuestro ordenamiento jurídico.

4. Su naturaleza jurídica es de ley interna con negociación previa, convenio de derecho público interno sometido a la decisión final de las Cortes Generales. Por eso puede sostenerse que son acuerdos formalmente unilaterales, pero materialmente bilaterales, ya que su contenido proviene del pacto entre la confesión y el Gobierno, y este contenido es intangible (Martín *et al.*, 2016: 82).

Cabe preguntarse si el hecho de que los acuerdos con la Iglesia católica tengan naturaleza de tratados internacionales y los acuerdos con las confesiones minoritarias tengan naturaleza de leyes ordinarias vulnera el principio de igualdad y supone una discriminación de estas confesiones respecto de la católica. Sin embargo, hay que indicar que no existe tal discriminación, sino trato diferenciado, atendiendo al hecho de que las confesiones minoritarias carecen de personalidad jurídica internacional y no pretenden tenerla, al no corresponder su propia estructura y comprensión de sí mismas a esta forma de personalidad; lo que constituye, en términos del juicio de igualdad, una justificación objetiva y razonable para ese trato diverso que afecta sustancialmente a la naturaleza jurídica de cada tipología de acuerdos (García Pardo, 1999: 125).

Es más, podemos decir que la diversa naturaleza jurídica de los acuerdos entre el Estado y la Iglesia católica y las confesiones minoritarias constituye precisamente una garantía del reconocimiento de la autonomía de cada una de ellas; autonomía que, por una parte, se integra en el contenido esencial de la libertad religiosa y, por otra, garantiza el principio de aconfesionalidad. En consecuencia, el hecho de que el Estado suscriba con la Iglesia católica acuerdos que tienen la naturaleza de tratado internacional constituye una respuesta a su autonomía organizativa, en la medida en que su autocomprensión se considera, y es reconocida como tal por la comunidad internacional, como una institución universal por naturaleza, independiente de los Estados y plenamente soberana (Viana Tomé, 1987: 402), lo que no ocurre con las restantes iglesias y confesiones.

Los acuerdos de cooperación actualmente vigentes están contenidos en tres leyes y son los siguientes: la Ley 24/1992, de 10 de noviembre, por la que se aprueba el Acuerdo de cooperación del Estado con la Federación de Entidades Religiosas Evangélicas de España; la Ley 25/1992, de 10 de noviembre, por la que se aprueba el Acuerdo de cooperación del Estado con la Federación de Comunidades Israelitas (ahora Judías) de España; y la Ley 26/1992, de 10 de noviembre, por la que se aprueba el Acuerdo de cooperación del Estado con la Comisión Islámica de España.

La negociación de los acuerdos de cooperación se efectuó a través del ministerio competente, que emitió un informe sobre la propuesta de acuerdo, con la intervención de la Comisión Asesora de Libertad Religiosa. Tras dicho informe, se suscribieron los acuerdos como proyectos de ley que fueron sometidos a las Cortes Generales para su aprobación como ley ordinaria de artículo único en la que los textos de los acuerdos se incorporaron como anexos. Fueron ratificados por el jefe del Estado y publicados en el *BOE*. Respecto de su interpretación, a diferencia de los concordatos, en los acuerdos no se recoge la forma de su interpretación, al no estar sujetos al derecho internacional, por lo que se debe acudir a los criterios interpretativos de las leyes, previstos en el artículo 3 del Código Civil. En este sentido, únicamente en la Disposición adicional primera de cada uno ellos se contiene el mero compromiso del Gobierno de poner en conocimiento de las confesiones religiosas, para que estas puedan expresar su parecer, las iniciativas legislativas que afecten al contenido de los acuerdos.

Y, en este orden, la Disposición adicional tercera de los mismos contempla la creación de comisiones mixtas para la aplicación y seguimiento de los acuerdos. Respecto de su extinción, la Disposición adicional segunda señala que podrán ser denunciados por cualquiera de las partes que lo suscriben, notificándolo a la otra con seis meses de antelación. Asimismo, podrán ser objeto de revisión, total o parcial, por iniciativa de cualquiera de ellas, sin perjuicio de su ulterior tramitación parlamentaria. En principio y, aunque formalmente nos encontramos con normas unilaterales, la aplicación del principio *pacta sunt servanda* y el principio de cooperación y aun el de aconfesionalidad contenidos en el artículo 16.3 de la Constitución no parece que permitiera una modificación unilateral de su contenido por parte del Gobierno, que, en todo caso, requeriría de la aprobación de las Cortes Generales (Lombardía y Fornés, 2007: 72).

Hay que señalar que para la firma de los acuerdos en 1992, dado que ninguna confesión religiosa en ese momento tenía la declaración de notorio arraigo en nuestro país, la Administración obligó a las confesiones religiosas a agruparse en federaciones. De este modo, los acuerdos fueron suscritos por tres federaciones creadas a tal fin: la Federación de Entidades Religiosas Evangélicas de España (FEREDE), la Federación de Comunidades Judías de España (FCJE) y la Federación de Comunidades Islámicas (CIE). Una solución *præter legem* creada para evitar problemas en la interlocución con las distintas confesiones religiosas que no estaba estrictamente prevista por la LOLR (Mantecón Sancho, 2023: 28). Esta situación ha creado alguna situación perversa, como ha puesto de relieve la doctrina (Rodríguez Blanco, 2013: 54), ya que se permite a las federaciones incorporar grupos religiosos minoritarios con escasa presencia en España y que, sin embargo, pueden gozar del régimen jurídico acordado en los acuerdos de cooperación.

Los tres acuerdos presentan una estructura y un contenido sustancialmente idénticos en las materias que regulan. Son lo que Palomino Lozano (2022: 73) denomina «acuerdos-espejo», que siguen el mismo patrón en su contenido, «lo que previene posibles agravios comparativos en detrimento de la especificidad de cada una de las entidades firmantes» de los acuerdos. Igualmente, se ha de señalar que a través de las materias que regulan se otorga un trato similar al que tiene la Iglesia católica a través de los acuerdos internacionales de 1979, prueba de que estos han funcionado como paradigma extensivo a las demás confesiones religiosas en nuestro país, tal y como ya propugnaba el profesor Viladrich con ocasión de la controversia doctrinal surgida en torno a la mención explícita de la Iglesia católica en el artículo 16 de la Constitución, que para algún sector de la doctrina es discriminatorio y contrario el propio principio de aconfesionalidad (Martín *et al.,* 2016: 78). Así, Ferrer Ortiz y Viladrich Bataller (2007: 103) manifiestan que:

> A nuestro juicio, no existe atisbo de discriminación por motivos religiosos, sino un ejemplo constitucional del trato específico que impone el principio de laicidad atendida la situación real del factor religioso católico. En efecto, la Constitución menciona a la *Iglesia católica, con nombre y apellido,* por su extensión sociológica y su tradición histórica; pero el reconocimiento de esta realidad no esconde ninguna discriminación del contenido de *las consiguientes relaciones de cooperación* que la Constitución extiende *a las demás confesiones.*

En cuanto a las materias objeto de regulación, son diversas; entre otras, podemos señalar las siguientes:

a. lugares de culto;

b. régimen de los ministros de culto;

c. efectos civiles del matrimonio;

d. asistencia religiosa;

e. enseñanza religiosa evangélica en centros públicos;

f. régimen de exenciones fiscales;

g. descanso semanal, festividades religiosas y alimentación ritual.

2.3. RELEVANCIA DE LOS DERECHOS DE LAS CONFESIONES RELIGIOSAS EN EL DERECHO DEL ESTADO

Con carácter general, podemos decir que los ordenamientos jurídicos propios de las confesiones religiosas carecen de eficacia, al menos directa, en nuestro ordenamiento jurídico. Así ocurre con el derecho canónico en el caso de la Iglesia católica, la *sharía* en el caso del Islam y la *halajá* en el caso de los judíos, que solo producen efectos en sus propios ámbitos religiosos y carecen de relevancia en el ámbito estatal.

No obstante, en un ordenamiento jurídico como el nuestro, presidido por el principio de libertad religiosa en lo que respecta a la proyección social del fenómeno religioso, no es infrecuente que nuestro derecho, por razones incluso de tradición histórica y aun de influencia en el derecho actual de un ordenamiento jurídico como es el canónico (ordenamiento independiente, soberado u originario, y por lo tanto de carácter primario), que se encuentra, junto con el derecho romano, en los fundamentos de sus propias estructuras jurídicas, atribuya determinados efectos a normas procedentes de determinadas confesiones religiosas, especialmente por lo dicho de la católica.

En suma, en supuestos concretos, los derechos confesionales pueden desplegar efectos civiles, de modo que el ordenamiento jurídico español otorga relevancia civil a estas normas confesionales mediante el recurso a tres técnicas:

1. Remisión formal: a través de esta técnica, el ordenamiento estatal reconoce la eficacia civil de un acto o relación jurídica realizada al amparo de las normas de derecho confesional, como por ejemplo el reconocimiento de efectos civiles al matrimonio canónico o el reconocimiento de la personalidad civil de las parroquias o de las diócesis de la Iglesia católica.

2. Remisión material: a través de esta técnica, el ordenamiento estatal incorpora normas de derecho confesional, como por ejemplo la declaración de idoneidad otorgada o retirada por el obispo de una diócesis de la Iglesia católica como requisito habilitante para impartir la asignatura de Religión Católica en los centros docentes públicos, de conformidad con lo previsto en el Real Decreto 696/2007, de 1 de junio, en relación con los cánones 804 y 805 del Código de Derecho Canónico; o los currículos de la enseñanza religiosa escolar de cada una de las confesiones con acuerdo de

cooperación y de la propia Iglesia católica publicados en el *BOE* para cada nivel educativo.

3. Presupuesto: a través de esta técnica, la regulación confesional actúa como presupuesto de hecho de la regulación estatal, puesto que el Estado, al regular una materia determinada, incluye conceptos que solo pueden definirse e identificarse recurriendo al derecho confesional, como el concepto de alimentación *halal* o *kosher,* o de ministro de culto a los efectos, por ejemplo, de la inclusión en los regímenes de protección social propios de la Seguridad Social o como testigos cualificados o celebrantes del matrimonio respecto de las confesiones a las que se les reconoce eficacia civil de sus matrimonios, o, en el caso de causas criminales, para la aplicación de la exención de la obligación de declarar.

Igualmente, otra vía de relevancia de los derechos confesionales es la autonomía reconocida a las confesiones religiosas (artículo 6 de la LOLR), mayor que la de las simples asociaciones (González del Valle, 1991: 135). Esta autonomía se traduce en la posibilidad de establecimiento de normas de organización, régimen interno y de personal que pueden incluir cláusulas de salvaguarda de su propia identidad religiosa y carácter propio, así como el debido respeto a sus creencias. Esta facultad de autonormación interna tiene como consecuencia que su capacidad de obrar se rija por sus propias normas (Rodríguez Blanco, 2013: 45).

3

LOS PRINCIPIOS INFORMADORES DEL DERECHO ECLESIÁSTICO ESPAÑOL

3.1. CONCEPTOS GENERALES

El artículo 1.4 del Código Civil establece que: «Los principios generales del derecho se aplicarán en defecto de ley o costumbre, sin perjuicio de su carácter informador del ordenamiento jurídico». En particular, vemos cómo los principios generales o informadores del derecho, además de una función integradora del sistema jurídico cubriendo lagunas legales, asumen una nuclear función informadora del ordenamiento jurídico español. En este sentido, la función integradora e informadora de estos principios hay que ponerla tanto en conexión con los valores superiores de nuestro orden jurídico proclamados en el artículo 1.1 de la Constitución, que son la libertad, la justicia, la igualdad y el pluralismo político, como con las previsiones de su artículo 10.1, que determina que: «La dignidad de la persona, los derechos inviolables que le son inherentes, el libre desarrollo de la personalidad, el respeto a la ley y a los derechos de los demás son fundamento del orden político y de la paz social».

Así pues, y respecto al factor religioso presente en nuestra sociedad, los principios informadores del derecho eclesiástico español serán aquellos que informan, definen o determinan la regulación jurídica del factor religioso presente en la sociedad española, dotándola de coherencia con aquellos valores constitucionales (artículo 1.1) y los derechos fundamentales reconocidos en la Constitución (artículo 10.1) (Martín *et al.*, 2016: 7).

Hay, por lo tanto, una estrecha conexión entre los derechos fundamentales y los principios informadores que el propio Tribunal Constitucional[48] ha puesto de manifiesto al señalar que los derechos fundamentales en nuestro ordenamiento jurídico van más allá de su configuración como meros derechos subjetivos, atribuyéndoles también una misión informadora de aquel, y, así, ha manifestado que:

> La doctrina ha puesto de manifiesto –en coherencia con los contenidos y estructuras de los ordenamientos positivos– que los derechos fundamentales no incluyen solamente derechos subjetivos de defensa de los individuos frente al Estado, y garantías institucionales, sino también deberes positivos por parte de éste (vide al respecto arts. 9.2; 17.4; 18.1 y 4; 20.3; 27 de la Constitución). Pero, además, los derechos fundamentales son los componentes estructurales básicos, tanto del conjunto del orden jurídico objetivo como de cada una de las ramas que lo integran, en razón de que son la expresión jurídica de un sistema de valores que, por decisión del constituyente, ha de informar el conjunto de la organización jurídica y política; son, en fin, como dice el art. 10 de la Constitución, el «fundamento del orden jurídico y de la paz social. De la significación

---

48 Sentencia 53/1985, de 11 de abril, FJ4.

y finalidades de estos derechos dentro del orden constitucional se desprende que la garantía de su vigencia no puede limitarse a la posibilidad del ejercicio de pretensiones por parte de los individuos, sino que ha de ser asumida también por el Estado. Por consiguiente, de la obligación del sometimiento de todos los poderes a la Constitución no solamente se deduce la obligación negativa del Estado de no lesionar la esfera individual o institucional protegida por los derechos fundamentales, sino también la obligación positiva de contribuir a la efectividad de tales derechos, y de los valores que representan, aun cuando no exista una pretensión subjetiva por parte del ciudadano.

La funcionalidad de los principios viene así determinada por dar eficacia, ante los poderes del Estado y como garantía institucional, a aquel derecho de libertad religiosa y a los propios criterios de organización estatal de neutralidad, igualdad y cooperación. En consecuencia, definen la política religiosa del Estado (Martí Sánchez y García Pardo, 2019: 51) y, en este sentido, la orientan en la captación de las características típicas del hecho religioso, que lo antecede, y de las exigencias de un trato jurídico específico que por su especificidad requiere la religión y sus manifestaciones ante el orden civil (Salinas Mengual, 2020: 41). Cuando el Estado tenga que regular jurídicamente alguna materia religiosa, se regirá por una serie de principios básicos que inspirarán e informarán dicha regulación. Por ello, podemos decir que participan de la función normativa de la Constitución.

Respecto de sus características, siguiendo a Ferrer Ortiz y Viladrich Bataller (2007: 90), podemos decir que los principios informadores «contienen valores del pueblo español» y no se trata de principios religiosos, sino estrictamente jurídicos o civiles. Así, bajo ellos late una idea concreta de sociedad civil y una idea de Estado, pero no reflejan una concreta concepción religiosa. En cuanto principios jurídicos, inspiran la actuación de los poderes públicos, garantizando que la cuestión religiosa se regule a través del derecho.

Con relación a sus funciones, siguiendo a Salinas Mengual (2020: 42), podemos señalar las siguientes:

a. Colmar las lagunas que puedan presentarse en la ley o la costumbre en relación con las cuestiones o conflictos que pudieran plantearse en materia religiosa.

b. Una función integradora, en cuanto que confieren integridad al sistema jurídico, dando unidad al conjunto disperso de normas que regulan la presencia del factor religioso en la sociedad civil.

c. Una función hermenéutica en la aplicación de las normas de contenido religioso a los casos concretos. Ha sido el propio Tribunal Constitucional, en su sentencia 24/1982, de 13 de mayo, fundamento jurídico 1.º, el que ha establecido que los principios cumplen esa función, permitiendo la delimitación y configuración concreta de los derechos.

Respecto a la identificación de los principios concretos, señalaremos, siguiendo la clasificación tradicional iniciada por el profesor Viladrich (1980: 211), los cuatro siguientes: libertad religiosa, aconfesionalidad o laicidad, igualdad religiosa y cooperación en materia religiosa. Jerárquicamente, el primero de ellos es el de libertad religiosa, que informa todo nuestro ordenamiento jurídico y resulta determinante en la definición de la actitud de los poderes públicos en este ámbito; los demás son instrumentos para su efectividad, en el marco de nuestro Estado democrático y social de derecho (artículo 1 de la Constitución).

Igualmente, hemos de recordar que dos de ellos, los principios de libertad e igualdad religiosa, poseen una doble dimensión y constituyen derechos subjetivos fundamentales, además de ser principios informadores. Solo los principios de aconfesionalidad y de cooperación tienen la única dimensión de principios informadores.

3.2. EL PRINCIPIO DE LIBERTAD RELIGIOSA

El principio de libertad religiosa se sitúa en la cúspide de los principios informadores, decantándose desde esta posición en nuestro ordenamiento jurídico en materia religiosa. Como principio primario, fuente de todos los demás, el resto de los principios informadores de igualdad, aconfesionalidad y cooperación se constituyen en instrumentos para la efectividad real de aquella libertad. La Constitución española ha adoptado como uno de los valores fundamentales que deben impregnar nuestro orden político y social la libertad, también y especialmente en materia de religión (Mantecón Sancho, 2023: 18). La atribución de este valor supremo del ordenamiento jurídico a la libertad en materia de religión conlleva la atribución de una extrema responsabilidad en garantizar su efectividad a los poderes públicos, que, como veremos, asumen la obligación constitucionalmente determinada de promover las condiciones para que:

la libertad y la igualdad del individuo y de los grupos en que se integra sean reales y efectivas; remover los obstáculos que impidan o dificulten su plenitud y facilitar la participación de todos los ciudadanos en la vida política, económica, cultural y social (artículo 9.2 de la Constitución).

La libertad religiosa constituye, en palabras del Tribunal Constitucional en su sentencia 24/1982, de 13 de mayo, fundamento jurídico 1.º, uno de los principios básicos de nuestro sistema político que determina:

> la actitud del Estado hacia los fenómenos religiosos y el conjunto de relaciones entre el Estado y las iglesias y confesiones: el primero de ellos es la libertad religiosa, entendida como un derecho subjetivo de carácter fundamental que se concreta en el reconocimiento de un ámbito de libertad y de una esfera de *agere licere* del individuo. (…) Dicho de otro modo, el principio de libertad religiosa reconoce el derecho de los ciudadanos a actuar en este campo con plena inmunidad de coacción del Estado y de cualesquiera grupos sociales, de manera que el Estado se prohíbe a sí mismo cualquier concurrencia, junto a los ciudadanos, en calidad de sujeto de actos o de actitudes de signo religioso.

El pacto constitucional de 1978 supuso en materia religiosa el intento de superar la histórica «cuestión religiosa» presente en nuestro país. Superado el laicismo beligerante de la Constitución de 1931 de la Segunda República y el confesionalismo de las leyes del régimen de Franco, la Constitución de 1978 instauró en España un sistema de libertad en materia religiosa tal y como manifestó el magistrado Manuel Jiménez de Parga en su voto particular a la sentencia 42/2001, de 15 de febrero, en el que señalaba que:

> El artículo 16 C.E. garantiza la libertad religiosa, tanto de los individuos como de las comunidades. No se instaura un Estado laico, en el sentido francés de la expresión, propia de la III República, como una organización jurídico-política que prescinde de todo credo religioso, considerando que todas las creencias, como manifestación de la íntima conciencia de la persona, son iguales y poseen idénticos derechos y obligaciones. En el Ordenamiento constitucional español se admite la cooperación del Estado con Iglesias y Confesiones religiosas. Pero no se instauró en 1978 un Estado confesional: "Ninguna confesión tendrá carácter estatal", se afirma rotundamente al inicio del punto 3 del citado art. 16 C.E. La libertad religiosa no sólo es un derecho fundamental, sino que debe ser entendida como uno de los principios constitucionales. El Estado se configura en una sociedad donde el hecho religioso es componente básico. No puede equipararse, por ejemplo, el derecho de libertad religiosa con el derecho de negociación colectiva inherente a la libertad sindical. Este último es un derecho fundamental en la Constitución Española de 1978, pero no es un principio constitucional, como lo es, en cambio, la libertad religiosa.

Este mismo magistrado hacía referencia también en su voto particular a la importancia de la libertad religiosa y, así, manifestaba que:

> La libertad religiosa –quiero repetirlo– no es solamente un derecho que los poderes públicos deban respetar al aplicar la Constitución. La

libertad religiosa es uno de los principios constitucionales, anteriores a la Constitución y que están, como tales principios, en la base del Ordenamiento constitucional. Piedra angular de los regímenes políticos contemporáneos, en el ámbito de las democracias, es el artículo 18 de la Declaración Universal de los Derechos Humanos, de 1948 (...).

Ya hemos tenido ocasión de ver con anterioridad que la libertad religiosa posee una dimensión externa u objetiva, que ha sido puesta de manifiesto por la doctrina del Tribunal Constitucional[49], y que hace que se configure como principio informador de la actitud de los poderes públicos en materia religiosa. Pues bien, esta configuración comportará una doble exigencia para dichos poderes:

1. La exigencia de su neutralidad, ínsita en la propia noción de aconfesionalidad del Estado del artículo 16.1 de la Constitución[50]. El Alto Tribunal ha manifestado en su sentencia 1/1981, de 26 de enero, que la neutralidad es una exigencia que deberán respetar los poderes públicos como consecuencia de que el ordenamiento jurídico tiene su fundamento en el pluralismo, la libertad religiosa de los individuos y las comunidades religiosas y de la aconfesionalidad del Estado.

2. La existencia de un mandato constitucional de mantenimiento de relaciones de cooperación de los poderes públicos con las diversas iglesias (artículo 16.3 de la Constitución). Y ello en la medida en que, tomando positivamente en consideración el componente religioso perceptible en la sociedad española, el artículo 16.3 de la Constitución «ordena a los poderes públicos mantener las consiguientes relaciones de cooperación con la Iglesia Católica y las demás confesiones, (...)»[51].

Si tenemos en cuenta que, como derecho subjetivo, la libertad religiosa conlleva, como sabemos, la existencia de un ámbito de libertad individual y una esfera de *agere licere* con plena inmunidad de coacción del Estado[52], que se complementa, en su dimensión negativa, por la determinación constitucional de que «nadie podrá ser obligado a declarar sobre su ideología, religión o creencias» (artículo 16.2 de la Constitución), la libertad religiosa como principio supondrá el reconocimiento de ese

---

49 Por todas, la sentencia 101/2004, de 2 de junio.

50 Vid. sentencia del Tribunal Constitucional 340/1993, de 16 de noviembre.

51 Vid. sentencias del Tribunal Constitucional 46/2001, de 15 de febrero, FJ4, y 177/1996, de 11 de noviembre.

52 Vid. sentencias del Tribunal Constitucional 24/1982, de 13 de mayo, y 166/1996, de 28 de octubre, entre otras.

mismo ámbito de acción de la persona en materia de religión, pero, y esto es lo importante, respecto del que el Estado se declara radicalmente incompetente para entrar en concurrencia con los ciudadanos. Y esto porque el acto de fe es un acto propiamente humano, libre de Estado y, en virtud del principio de libertad religiosa, este no es titular del acto de fe, no tiene fe ni puede concurrir con la de sus ciudadanos.

En consecuencia, el Estado, los poderes públicos, asumen una radical incompetencia respecto del acto de fe o de las actitudes de signo religioso de sus ciudadanos, a los que no pueden obligar a declarar sobre sus creencias o a actuar en contra de las mismas. Esta incompetencia ante el acto de fe supone que los poderes públicos «carecen de potestad para entrometerse en aspectos religiosos, siendo sus únicas funciones en la materia velar por el respeto al orden público protegido por la ley y la de garantizar la convivencia pacífica entre los diferentes grupos religiosos» (Rodríguez Blanco, 2013: 65).

Como señala Ferreiro Galguera (2022: 56), del principio de libertad religiosa se deduce que el Estado tiene tres obligaciones:

> reconocer, garantizar y promocionar el ejercicio de la libertad religiosa. No sólo tiene la obligación de reconocer que los individuos y las comunidades son titulares de dicho derecho fundamental, sino la de garantizarles su ejercicio, p.ej., prohibiéndose a sí mismo y a terceros interferir en el mismo (inmunidad de coacción) y promocionarlo en los términos establecidos en el art. 9.2 CE.

Ahora bien, este deber de promoción debe ser entendido correctamente, ya que la cooperación en materia religiosa, entendida como un deber de los poderes públicos derivado del carácter prestacional del derecho de libertad religiosa, debe desarrollarse por estos en la medida en que resulte imprescindible para garantizar la efectividad de su ejercicio por parte de los individuos y comunidades, pero no puede servir para forzar el pluralismo religioso si no se quiere vulnerar el propio principio de aconfesionalidad (Hermida del Llano, 2012: 44). En este caso, sería el Estado el que estaría asumiendo lo que Mantecón Sancho (2023: 20) denomina un «intervencionismo de carácter regalista», promocionando artificiosamente sentimientos religiosos minoritarios por encima de su presencia real en la sociedad, incluso con la intención, declarada o no, de contrarrestar la presencia de sentimientos religiosos mayoritarios y tradicionalmente presentes.

El Estado está obligado a garantizar aquellas condiciones o a eliminar aquellos obstáculos que impidan la conformación de un pluralismo religioso natural que desde la libertad surgirá en la ciudadanía, pero a nada más y, mucho menos, a promocionar una forzada diversidad de opciones confesionales. La realidad confesional de una sociedad será la que los ciudadanos quieran que sea y no otra (Murgoitio García, 2008: 87). Para Ollero Tassara (2005: 82):

> nada hay menos pluralista que una pluralidad planificada con igualdad final garantizada. La cooperación, como el pluralismo, no remite a una pluralidad organizada de antemano por parte de los poderes públicos, sino a tener en cuenta las creencias real y socialmente profesadas por los ciudadanos, fruto de su libre voluntad y en consecuencia previsiblemente desiguales.

En este punto, y siguiendo a Viladrich (1980: 94), podemos decir que el principio de libertad religiosa, como principio primario definidor de la configuración política y social del Estado en materia religiosa, tiene las siguientes consecuencias:

1. Contiene una idea esencial de Estado, al servicio de la dignidad de la persona. El Estado está al servicio de la persona, no al revés.
2. El Estado se considera radicalmente incompetente como sujeto para dar respuesta al acto de fe y no puede concurrir con sus ciudadanos en el mismo.
3. El Estado no puede obligar a ninguno de sus ciudadanos a declarar sobre su religión o creencias.
4. Como la fe está liberada del Estado, este no es límite del derecho de libertad religiosa de sus ciudadanos, sino garante de ella en su máxima extensión.
5. No cabe forma alguna de confesionalidad, ya que ninguna confesión o fe religiosa podrá ser asumida por el Estado.
6. Los demás principios informadores de la regulación jurídica del factor religioso dependen del de libertad religiosa, desde el que se decantan en todo el ordenamiento jurídico.

3.3. EL PRINCIPIO DE ACONFESIONALIDAD

El principio de aconfesionalidad aparece recogido en el artículo 16.3 de la Constitución, cuando señala que: «Ninguna confesión tendrá carácter estatal. Los poderes públicos tendrán en cuenta las creencias religiosas de la sociedad española y mantendrán las consiguientes relaciones de cooperación con la Iglesia Católica y las demás confesiones».

En nuestra exposición utilizaremos el término de aconfesionalidad, aunque una parte de la doctrina y el propio Tribunal Constitucional han venido utilizando el término de laicidad. El término laicidad es una construcción social y jurídica que no se corresponde con nuestra tradición jurídica, salvo por su uso en la Constitución de 1931, que al regular la enseñanza en su artículo 48 utilizó el término «laica». Este término es hijo de la Revolución francesa y en la tradición jurídica derivada de esta se ha asociado con la separación total entre el Estado y la Iglesia en términos absolutos, como dos ámbitos incomunicados. El problema radica en que no nos encontramos ante un término unívoco y en su mayor parte ha derivado hacía postulados políticos más bien laicistas, como ocurrió con la Segunda República, que, especialmente en el ámbito de la enseñanza, asumió una posición indisimuladamente combativa contra las confesiones religiosas, sobre todo con la católica. Como señala Martí Sánchez (2019: 62), el término aconfesionalidad, siendo anterior y de mayor espectro que el de laicidad, viene avalado por el modelo político de los Estados Unidos, que corrige las diversas confesionalidades existentes en esta nación, especialmente el de las iglesias establecidas fruto de la Reforma.

En uno de sus primeros pronunciamientos, el Tribunal Constitucional, en su sentencia 1/1981 de 26 de enero[53], utilizó el término aconfesionalidad al referirse al artículo 16.3 de la Constitución en contraposición al de confesionalidad propio del derecho inmediatamente anterior. Y en su sentencia 5/1981, de 13 de febrero[54], señaló que «la libertad religiosa y la ideológica, junto con el pluralismo y la aconfesionalidad del Estado, son consideradas básicas para el sistema jurídico político». Sin embargo, a partir de la sentencia 46/2001, de 15 de febrero, avanzó en la construcción del concepto utilizando el término laicidad, si bien le añade el adjetivo de positiva, derivándolo de la consideración positiva que del factor religioso hace la Constitución, especialmente del ejercicio colectivo de la libertad religiosa. Así, el Alto Tribunal señala que:

> Y como especial expresión de tal actitud positiva respecto del ejercicio colectivo de la libertad religiosa, en sus plurales manifestaciones o conductas, el art. 16.3 de la Constitución, tras formular una declaración de neutralidad (SSTC 340/1993, de 16 de noviembre, y 177/1996, de 11 de noviembre), considera el componente religioso perceptible en la sociedad española y ordena a los poderes públicos mantener «las consiguientes relaciones de cooperación con la Iglesia Católica y las demás confesiones», introduciendo de este modo una idea de aconfesionalidad o laicidad positiva que «veda cualquier tipo de confusión entre fines religiosos y estatales» (STC 177/1996, FJ4).

---

53 FJ6 y FJ10.
54 FJ9.

El artículo 16.3 de la Constitución proclama que el Estado no tiene religión oficial; es decir, que no asume ni profesa ninguna religión como propia, no se identifica con ninguna. Esto significa que la religión, las creencias, son ajenas al Estado. Este no es sujeto del acto de fe y no puede adoptar ante dicho acto la posición de quien es titular de tal posibilidad, que son las personas y los grupos religiosos, a los que los poderes públicos no pueden sustituir ni concurrir con ellos en dicho acto[55]. La fe es libre de Estado y este se manifiesta incompetente ante la misma. Se ha de partir de la idea de que «el mundo de las creencias, ideologías o convicciones religiosas pertenece a la sociedad, y no al Estado, que en esta materia es incompetente para emitir juicio de valor alguno al respecto» (Salinas Mengual. 2020: 46).

Es importante señalar que la aconfesionalidad, o, en su caso, la laicidad, no define por sí misma al Estado. España no es un Estado laico, como ya hemos tenido ocasión de señalar, sino un Estado de libertad religiosa. Lo que define al Estado en su posición frente al factor religioso no es la aconfesionalidad o laicidad, sino la libertad, ya que aquella no es el calificativo religioso del Estado, sino la índole jurídica de su actuación democrática ante el factor religioso. El Estado debe ser solo Estado ante la religión y se excedería si, bajo pretexto de regulación del factor religioso, adoptase una actitud no solo indiferente, sino especialmente atea, agnóstica o confesional. Por eso el principio de aconfesionalidad constituye una garantía de la identidad civil del Estado sin perjuicio de la valoración positiva del factor religioso (Ferrer Ortiz y Viladrich Bataller, 2007: 98).

Esta garantía de la identidad civil del Estado significa, como señala el Tribunal Constitucional, que el principio de aconfesionalidad «impide por ende, como dicen los recurrentes, que los valores o intereses religiosos se erijan en parámetros para medir la legitimidad o justicia de las normas y actos de los poderes públicos»[56]. Por ello, la aconfesionalidad es un principio que está al servicio precisamente de la libertad religiosa[57] y que, como el Tribunal Constitucional[58] ha señalado, comprende dos subprincipios: neutralidad y separación entre el Estado y las confesiones religiosas, condición necesaria para la realización del primero.

---

55 Vid. sentencia 24/1982, de 13 de mayo, FJ1.

56 Sentencia 24/1982, de 13 de mayo, FJ1.

57 Vid. sentencia 154/2002, de 18 de julio, FJ6, que confirma la primacía de la libertad religiosa de la que hace derivar los principios de aconfesionalidad y cooperación.

58 Vid. sentencia 46/2001, de 15 de febrero.

a) Separación entre el Estado y las confesiones religiosas

El principio de aconfesionalidad del artículo 16.3 de la Constitución acoge el principio de mutua autonomía e independencia del Estado y las confesiones religiosas, cada uno de ellos en sus respectivos ámbitos. Este principio de separación entre el Estado y la Iglesia, con independencia de que fuera llevado a sus extremos más radicales como resultado de los postulados defendidos por la Revolución francesa, tiene su origen en nuestro ámbito occidental en el propio cristianismo, fruto de la revolución de la soberanía que supuso dentro del Imperio romano, como consecuencia de la frase de Jesucristo recogida en el Evangelio de Mateo (22,21) de «dad al César lo que es del César y a Dios lo que es de Dios». Este dualismo cristiano entre lo temporal y lo religioso suponía la proclamación de esos dos ámbitos de actuación de distinta naturaleza, uno dedicado a la ordenación política de la sociedad y otro a la salvación de las almas. Así, será en al año 494 cuando el papa Gelasio I dirigirá una carta al emperador oriental Atanasio I para recordarle, frente a los postulados asumidos por el cesaropapismo, las exigencias del dualismo cristiano («dualismo gelasiano» se denominará en adelante), por el que la sociedad se rige por dos autoridades, la espiritual y la temporal, con naturaleza y competencias distintas, pero sin enfrentamiento entre ellas.

El Tribunal Constitucional delimita esta alteridad en su sentencia 24/1982, de 13 de mayo[59], al señalar que el precepto constitucional proclamado en el artículo 16.3 de aconfesionalidad «veda cualquier tipo de confusión entre funciones religiosas y funciones estatales». E, igualmente, en su sentencia 340/1993, de 16 de noviembre[60], al determinar que la aconfesionalidad conlleva que las confesiones religiosas «en ningún caso pueden trascender los fines que les son propios y ser equiparadas al Estado, ocupando una igual posición jurídica», reafirma la mutua independencia del orden civil y el religioso, por lo que las confesiones religiosas no pueden asumir funciones propias del Estado y a la inversa. De este modo, el artículo 16.3 de la Constitución prohíbe implícitamente que los poderes públicos se inmiscuyan en la órbita interna de las confesiones religiosas, desde su propia organización interna hasta el nombramiento de ministros de culto. Esta alteridad entre Estado y confesiones es, como ha puesto de relieve González del Valle (1991: 158), un principio político, no un principio jurídico; de tal modo que el Estado no organiza ni estructura las confesiones religiosas, ni inspira su legislación o actividades en doctrina religiosa alguna.

---

59 FJ1.

60 FJ4.

Así pues, la separación entre el Estado y la Iglesia católica tiene como fin primordial asegurar la independencia del Estado en relación con las confesiones religiosas[61]. En suma, podemos decir que esta separación conlleva tres elementos: 1) la no confusión entre el ámbito político y el religioso, lo que supone que el Estado no puede adoptar decisiones por motivos religiosos; 2) el reconocimiento de la autonomía interna de las confesiones religiosas, en cuyos asuntos internos no puede intervenir el Estado; 3) las confesiones religiosas no forman parte de las Administraciones públicas ni se pueden equiparar a ellas.

b) Neutralidad de los poderes públicos

Por su parte, la neutralidad de los poderes públicos, que constituye una consecuencia de la dimensión objetiva de la libertad religiosa, se encuentra ínsita en la declaración de aconfesionalidad del artículo 16.3 de la Constitución[62]. Esta neutralidad parte de la radical incompetencia del Estado ante el acto de fe. De este modo, no corresponde a los poderes públicos juzgar o entrar a valorar el acto de fe y los valores religiosos que del mismo se derivan. En consecuencia, los poderes públicos no pueden valorar la legitimidad de los credos religiosos ni de las decisiones que en su propio ámbito adopten las confesiones religiosas.

El término de neutralidad fue utilizado por el Tribunal Constitucional por vez primera en la sentencia 5/1981, de 26 de enero, y ha venido siendo utilizado sobre todo en el ámbito de la enseñanza, un espacio especialmente sensible en este ámbito. Al afirmarse que los poderes públicos han de ser neutrales, la jurisprudencia[63] subraya que han de ser ajenos a cualquier tipo de confesionalidad, también la ideológica en términos de ateísmo, agnosticismo o relativismo. Es decir, parece referirse a la necesidad del justo equilibrio, alejado de cualquier posición de parte, que requiere el ejercicio de la función pública. Ahora bien, se trata de una neutralidad profesada; es decir, positivamente buscada e intentada. No se trata de un simple resultado de la interrelación de orientaciones ideológicas contrapuestas que se neutralizan recíprocamente (Calvo Álvarez, 1999: 11).

Por lo tanto, la aconfesionalidad del Estado y su proyección sobre la actuación de los poderes públicos significa neutralidad ante las diferentes preferencias religiosas e ideológicas de los ciudadanos, sin hacer suya ninguna religión ni ideología. Todo ello sobre la base del reconocimiento

---

61 Vid. sentencia del Tribunal Constitucional 265/1988, de 22 de noviembre, FJ1.

62 Vid. sentencia del Tribunal Constitucional 46/2001, de 15 de febrero, FJ6.

63 Sentencias del Tribunal Constitucional 24/1982, de 13 de mayo; 340/1993, de 16 de noviembre; 177/1996, de 11 de noviembre; y Auto 359/1985, de 29 de mayo.

del factor religioso como parte integrante del bien común. Por eso, como señala Castro Jover (2003: 3):

> La neutralidad es un concepto funcional que sirve para determinar los criterios de actuación que deben seguir los poderes públicos ante las distintas manifestaciones religiosas, garantizando, de un lado, el ejercicio de la libertad religiosa a todos por igual y, de otro, la separación entre el Estado y las confesiones religiosas.

Del mismo modo, la neutralidad también se identifica con la igualdad, puesto que el Estado no puede identificarse ideológicamente con ninguna confesión ni proteger unas en detrimento de otras. De ahí que esta neutralidad sea también garantía de la convivencia pacífica entre las confesiones religiosas, al permitir a los ciudadanos actuar con plena inmunidad de coacción en el campo religioso (Rodríguez Blanco, 2013: 70). La neutralidad conlleva, por esta razón, la obligación de los poderes públicos de garantizar, sin discriminación entre las distintas opciones confesionales, la posibilidad de un ejercicio igual de su libertad de religión.

Consecuencia directa de este mandato constitucional es que los ciudadanos, en el ejercicio de su derecho de libertad religiosa:

> cuentan con un derecho «a actuar en este campo con plena inmunidad de actuación del Estado» (STC 24/1982, fundamento jurídico 1.º), cuya neutralidad en materia religiosa se convierte de este modo en presupuesto para la convivencia pacífica entre las distintas convicciones religiosas existentes en una sociedad plural y democrática (art. 1.1 C.E.).[64]

Para Satorras Fioretti (2008: 83), esta neutralidad implica que:

> para el Estado Español, ninguna opción es mejor ni peor que otra, ni siquiera la de la mayoría sociológica. No puede entrar a valorar, en ningún caso, los contenidos axiológicos religiosos, sean de una confesión establecida, sean de un mero grupo religioso, sean ateas, agnósticas o indiferentes.

c) La laicidad positiva

En este punto, interesa señalar que aquella separación entre el Estado y las confesiones religiosas no conlleva incomunicación alguna entre ellos, ya que la aconfesionalidad o laicidad recogida en el artículo 16.3 de la Constitución sirve precisamente como garantía de dicha separación introduciendo, como ha señalado el Tribunal Constitucional, «una idea de aconfesionalidad o laicidad positiva»[65]. Entendida así la laicidad, significa:

---

64 Sentencia 177/1986, de 11 de noviembre, FJ9.

65 Sentencia 46/2001, de 15 de febrero, FJ4.

una estimación positiva del factor religioso en el contexto general del bien común: que los poderes públicos comprenden que la presencia y el reconocimiento del complejo de valores espirituales, éticos y culturales ligados a la religiosidad de los ciudadanos y de las comunidades, son beneficiosos para la sociedad (Ferrer Ortiz y Vilacrich Bataller, 2007: 98).

La religión está fuera del Estado, pero eso no significa que quede excluida de sus ciudadanos.

Por ello, en nuestro ordenamiento jurídico no tienen cabida las posiciones laicistas, pues, como ha puesto de manifiesto Ollero Tassara (2005: 60), la obligación contenida en el artículo 16.3 de la Constitución y dirigida a los poderes públicos de tener en cuenta las convicciones religiosas presentes en la sociedad española constituye el auténtico punto clave de una laicidad positiva, del que deriva el ulterior principio de cooperación con las confesiones religiosas contenido en el inciso final de ese mismo apartado tercero del artículo 16.

El laicismo constituye, sin embargo, una patología de la laicidad, en la medida en que deconstruye el Estado de libertad religiosa al configurarse como contraprincipio informador de la actitud de los poderes públicos ante el factor religioso. Se trata de un concepto beligerante que busca la muerte social de la religión (Salinas Mengual, 2020: 52), profundamente militante desde el postulado de la absoluta erradicación de la esfera pública de aquel factor presente en la sociedad, al considerar la religión como un mero asunto privado que debe quedar recluido en el íntimo ámbito de la conciencia individual de los ciudadanos. Receloso de la religión, este laicismo propone un distanciamiento del Estado hacia lo religioso, y se caracteriza por ignorarlo y despreciarlo, al no reconocer en él una parte integrante del bien común. Se da por ello por supuesto que las religiones no pueden proporcionar un conjunto de convicciones morales comunes capaces de fundamentar la convivencia en la pluralidad, sino que son más bien fuente de intolerancia y de dificultades para la pacífica convivencia.

En este sentido, González de Cardedal (2000: 208) ha manifestado que el ordenamiento jurídico y la cultura dominante, como reacción comprensible a siglos de conjunción indiferenciada entre religión y política, derecho y moral, tienden hoy a acentuar la separación y a subrayar la diferencia, a postular incluso el apoyo privilegiado a otras formas religiosas existentes en nuestro país como símbolo de su no enfeudamiento con la Iglesia católica, a la vez que a favorecer actitudes morales disonantes como muestra de la aceptación por parte del poder político de toda interpretación ética de la existencia, sin otorgar especial protección a la moral judeocristiana, a la que, de manera insidiosa, cierto laicismo hace culpable de todos los males, retrasos o complejos psicológicos del alma europea.

En suma, el laicismo pretende que los ciudadanos creyentes vivan socialmente «como si Dios no existiera» (Rodríguez Uribes, 2017: 174), sustituyendo así el paradigma moral religioso por la ideología de Estado, que lo encumbra como única fuente moral, ya que no admite ningún juicio de valor sobre la legitimidad de sus actuaciones que se fundamente en una verdad objetiva que no provenga de él. El laicismo decide qué es el hombre y, no contento con ello, intenta imponer su visión del mundo, del hombre y de la historia expulsando de la sociedad la religión (González de Cardedal, 2011: 27). Por eso es una patología de la aconfesionalidad o laicidad, ya que esta constituye precisamente una garantía de la libertad religiosa de los ciudadanos y de las comunidades y, sin embargo, al llevar al extremo la separación entre la religión y el Estado, la cercena al pretender que sus ciudadanos se conduzcan en su vida al margen de su encuentro personal con la Verdad.

La libertad religiosa, como derecho humano, constituye precisamente un arma para evitar la totalidad moral e ideológica del Estado (Ratzinger, 2018: 4) y ofrece un mecanismo para construir socialmente un auténtico espacio en el que los ciudadanos pueden vivir libremente conforme con sus creencias, en privado y en público, individual o colectivamente. Una lectura del artículo 16.3 de la Constitución revela la imposibilidad de un planteamiento laicista en el horizonte de las relaciones entre el Estado y las confesiones religiosas, es más, entre el Estado y las creencias de sus ciudadanos. El laicismo, como señala Ollero Tassara (2005: 43):

> al contemplar a los ciudadanos desnudos de convicciones religiosas en el ámbito civil, (…) rompe forzadamente la obvia continuidad entre las convicciones personales y las obligadas aportaciones a la convivencia social, sin que resulte nada claro cómo podría en la práctica la libertad religiosa figurar entre los derechos ciudadanos si su proyección pública ha de resultar en la práctica similar a si optaran por olvidarla.

3.4. EL PRINCIPIO DE IGUALDAD

El artículo 14 de la Constitución formula el principio de igualdad jurídica o formal al afirmar que: «Los españoles son iguales ante la ley, sin que pueda prevalecer discriminación alguna por razón de nacimiento, raza, sexo, religión, opinión o cualquier otra condición o circunstancia personal o social». Situado de este modo como pórtico del Capítulo II, del Título II, y dotado del sistema de protección que le brinda el artículo 53 de la Constitución, podemos señalar que, al igual que su artículo 16, no solo proclama un derecho subjetivo fundamental, sino que, siguiendo la doctrina del Tribunal Constitucional, contiene también un principio informador de la actuación de los poderes públicos e inspirador de todo el sistema de derechos y libertades constitucionales (Pérez Royo, 1994: 243).

Así pues, la igualdad contenida en el artículo 14 de la Constitución se configura como un derecho subjetivo a obtener un trato igual[66]. Se trata, en consecuencia, no de un derecho a ser igual que otros, sino a esperar y obtener del legislador un trato igual con evitación de toda desigualdad arbitraria (Alzaga Villaamil, 1998: 66), a ser tratado igual que quienes se encuentran en la misma situación (García Morillo, 2000: 179).

En este sentido, la naturaleza jurídica de la igualdad contenida en el artículo 14 ha sido determinada por el propio Tribunal Constitucional[67] al señalar que el principio general de que los españoles son iguales ante la ley determina un derecho subjetivo a obtener un trato igual y una obligación a los poderes públicos de llevar a cabo ese trato igual. Esta igualdad ante la ley prohíbe al legislador configurar los supuestos de hecho de una norma de modo tal que se dé trato distinto a personas que, desde todos los puntos de vista legítimamente adoptables, se encuentran en la misma situación o, dicho de otro modo, impide que se otorgue relevancia jurídica a circunstancias que o bien no pueden ser jamás tomadas en consideración por prohibirlo así expresamente la propia Constitución, o bien no guardan relación alguna con el sentido de la regulación que, al incluirlas, incurre en arbitrariedad y son por eso discriminatorias[68]. Y, en consecuencia, impone al legislador el deber de dispensar un mismo tratamiento a quienes se encuentran en situaciones jurídicas iguales, con prohibición de toda desigualdad que, desde el punto de vista de la finalidad de la norma cuestionada, carezca de justificación objetiva y razonable o resulte desproporcionada en relación con dicha justificación[69].

Por otra parte, en cuanto principio, ya hemos tenido ocasión de comprobar cómo la igualdad constituye, junto a la libertad de religión, uno

---

66 Vid. sentencia del Tribunal Constitucional 49/1982, de 14 de julio, FJ2.

67 Vid. sentencia 49/1982, de 14 de julio, FJ1.

68 Vid. sentencia del Tribunal Constitucional 125/2003, de 19 de junio.

69 Vid. sentencias del Tribunal Constitucional 134/1996, de 22 de julio, FJ5; 76/1990, de 26 de abril, FJ8; y 46/1999, de 22 de marzo, FJ2, entre otras.

de los principios básicos en nuestro sistema político que determinan la actitud del Estado ante el fenómeno religioso y el conjunto de las relaciones entre este y las confesiones religiosas[70]. Desde este horizonte, el principio de igualdad, proclamado por el artículo 14 de la Constitución, determina que no es posible establecer ningún tipo de discriminación o de trato jurídico diverso de los ciudadanos en función de sus ideologías o sus creencias y que deberá existir un igual disfrute de la libertad de religión por todos los ciudadanos; significa que las actitudes religiosas de los sujetos del derecho de libertad religiosa no pueden justificar diferencias de trato jurídico (Murgoitio García, 2008: 67).

En el binomio libertad-igualdad, que, como sabemos, constituye además valores superiores del ordenamiento jurídico (artículo 1.1. de la Constitución), constitucionalmente sabemos que es la libertad la que informa primariamente el ser del Estado ante el factor religioso presente en la sociedad española. Es, en consecuencia, un Estado de libertad respecto al fenómeno religioso (Calvo Álvarez, 1999: 141). Pero consecuencia de ese mismo principio de libertad es la igualdad en esta materia, lo que nos lleva a afirmar que lo que esta supone es que debe existir un igual disfrute de aquella por parte de todos los sujetos de la libertad de religión. En este sentido, Viana Tomé (1985: 125) afirma que el significado básico y primordial de la igualdad en este ámbito religioso es el de una igualdad en la libertad.

No existen, por lo tanto, ante la ley diversas categorías de ciudadanos, y tampoco importan las diferencias fácticas entre las confesiones religiosas. Todas ellas son cualitativamente iguales ante la ley en todo lo que se refiere al reconocimiento, garantía y protección del derecho de libertad religiosa, sin que influyan para nada los elementos cuantitativos de diferenciación que puedan existir realmente. Todos los sujetos y confesiones, con independencia de sus características diferenciales, tradición histórica o implantación social, son iguales titulares del mismo derecho fundamental de libertad religiosa (Martí Sánchez y García Pardo, 2019: 58).

Ahora bien, la igualdad a la que el artículo 14 se refiere no comporta necesariamente una igualdad material o económica real y efectiva. Significa que a los supuestos de hecho iguales deben serles aplicadas unas consecuencias jurídicas que sean iguales también, y que para introducir diferencias entre los supuestos de hecho tiene que existir una suficiente justificación de tal diferencia que aparezca al mismo tiempo como fundada y razonable de acuerdo con criterios y juicios de valor

---

70 Vid. Sentencia del Tribunal Constitucional 24/1982, de 13 de mayo, FJ1.

generalmente aceptados. Por ello, es importante no perder de vista que el artículo 14 de la Constitución no establece un principio de igualdad absoluta que lleve necesariamente a omitir la posibilidad de tomar en consideración la existencia de razones objetivas que razonablemente justifiquen la desigualdad de un posible tratamiento legal, ya que en tal caso la diferencia de régimen jurídico no solo no se opone al principio de igualdad, sino que aparece exigida por dicho principio y constituye instrumento ineludible para su debida efectividad.

La jurisprudencia constitucional[71] ha reiterado que el principio de igualdad no conlleva en todos los casos un tratamiento legal igual con abstracción de cualquier elemento diferenciador de relevancia jurídica, de manera que no toda desigualdad de trato normativo respecto a la regulación de una determinada materia supone una infracción del mandato contenido en el artículo 14 de la Constitución, sino tan solo las que introduzcan una diferencia entre situaciones que puedan considerarse iguales, sin una justificación objetiva y razonable.

La cláusula de igualdad ante la ley no impide, en consecuencia, otorgar un trato desigual a diferentes colectivos o grupos si se dan una serie de condiciones que podemos resumir en:

1. Diferencia de los supuestos de hecho.

2. Que el trato desigual tenga una finalidad legítima.

3. Que esa finalidad sea razonable.

4. Que la relación entre la situación de hecho que sirve de base a la diferenciación, la finalidad y el trato desigual sean coherentes entre sí y se encuentren en una relación proporcionada.

Es más, la necesidad o conveniencia de diferenciar situaciones distintas y de darles un tratamiento diverso puede incluso venir exigida, en un Estado social y democrático de derecho, para la efectividad de los valores que la Constitución consagra con el carácter de superiores del ordenamiento, como son la justicia y la igualdad. El principio de igualdad aplicado a las confesiones religiosas significa garantizar a todas ellas la misma libertad religiosa, pero, como son fenómenos muy diversos, dar a todas la misma libertad no conlleva necesariamente idéntico régimen jurídico (Combalía Solís, 1997: 137).

La igualdad no significa uniformidad; es más, la uniformidad podría ser en sí misma discriminatoria, pues «el tratar (…) de manera igual relaciones

---

71 Sentencias, entre otras, 273/2005, de 27 de octubre, FJ3; 22/1981, de 2 de julio; 152/2003, de 17 de julio; 255/2004, de 22 de diciembre; y 10/2005, de 20 de enero.

jurídicas desiguales es tan injusto como tratar de modo desigual relaciones jurídicas iguales (…); puesto que (…) el verdadero principio no es el de a cada uno lo mismo, sino a cada cual lo suyo» (Ruffini, 1936: 47).

Por tanto, el principio de igualdad en materia religiosa conllevará las siguientes consecuencias:

1. Que se garantiza en el plano básico de la naturaleza del sujeto y del derecho de la libertad de religión el que no existan diversas categorías ni de titulares ni de derechos de libertad. Es decir, garantiza la igualdad en la libertad de religión de los individuos y las confesiones religiosas. No cabe, por lo tanto, un estatuto personal diverso en relación con el ejercicio del derecho individual (González del Valle, 2005: 150).

2. Dicho lo anterior, es legítimo el trato específico o diferenciado entre las confesiones religiosas, siempre y cuando no resulte discriminatorio, es decir, no suponga un menoscabo o supresión de esa condición básica o igualdad radical en la libertad de religión.

3. Las peculiaridades o características diferenciales de las confesiones religiosas exigirán del Estado un trato normativo ajustado a dichas peculiaridades, puesto que, en caso contrario, al uniformarlas, correrá el riesgo de penetrar en la materia religiosa, suplantado o concurriendo con ellas como sujeto gestor de lo religioso. El Estado debe tratar como sujetos iguales a las confesiones porque su libertad es la misma. Pero eso no quiere decir que no se deban observar las diferentes peculiaridades de cada una de ellas, sin tratarlas a todas de la misma manera, pues la diversidad es tal que no pueden ser constreñidas a un trato uniformador (González del Valle, 2005: 149).

3.4.1. La mención explícita de la Iglesia católica en el artículo 16.3 de la Constitución

La mención explícita a la Iglesia católica en el artículo 16.3 es sometida frecuentemente a un juicio de constitucionalidad, sobre todo de compatibilidad con el principio de igualdad referida a las confesiones religiosas, planteándose en qué medida se consagra, paradójicamente, en el propio texto constitucional, una discriminación por motivos religiosos.

La mención explícita de la Iglesia católica, más allá del momento histórico de redacción del texto constitucional, no atribuye en modo alguno un estatuto personal diverso de libertad religiosa a favor de los católicos, distinto del resto de miembros de otras confesiones religiosas. Es decir, los miembros de la Iglesia católica no gozan en España de un mayor grado de titularidad en su derecho de libertad religiosa que el resto de los creyentes o no creyentes.

Por otra, ha se señalarse que la mención de la Iglesia católica tampoco conlleva una quiebra de la proyección del principio de igualdad en la cooperación del Estado con las confesiones religiosas. Con independencia de que la Iglesia haya sido mencionada expresamente, toda confesión religiosa participa del mismo trato constitucional del principio de cooperación, en la medida en que a todas, sin distinción, les corresponden relaciones de común entendimiento con los poderes públicos, pues el artículo 16.3 no determina para ninguna confesión modalidad concreta con la que plasmar el principio de cooperación ni prevé que se aplique a la católica con exclusión de cualquier otra.

Para Ferrer Ortiz y Viladrich Bataller (2007: 103), la mención explícita a la Iglesia católica no esconde discriminación con relación al contenido de las «consiguientes relaciones de cooperación» que la Constitución extiende a las demás confesiones religiosas en su artículo 16.3. Para ellos, la mención explícita debe interpretarse como un ejemplo constitucional de trato específico que impone la aconfesionalidad del Estado, limitándose a mencionar a la Iglesia católica con «nombre y apellido», pero no precisa nada sobre el contenido en que deba concretarse ese trato específico. De ahí que estos autores hayan definido el valor jurídico de la mención explícita como «paradigma extensivo de trato específico del factor religioso». En suma, el estatus jurídico de la Iglesia católica se constituye en paradigma extensivo para las demás confesiones religiosas, de tal modo que «de tanta libertad y de tanto reconocimiento jurídico de su especificidad diferencial como goce la Iglesia católica, de otro tanto podrán gozar el resto de confesiones».

3.5. EL PRINCIPIO DE COOPERACIÓN

3.5.1. Concepto general

Ya hemos visto cómo el hecho religioso en nuestro sistema constitucional no queda relegado a la esfera de lo privado. La aconfesionalidad no conlleva necesariamente una incomunicación entre el Estado y las confesiones religiosas, en cuanto sujetos institucionalizados de la libertad religiosa. Nuestra Constitución, como ha señalado el Tribunal Constitucional en su sentencia 46/2001, de 15 de febrero, ha conectado la valoración positiva del factor religioso con la exigencia a los poderes públicos y una actitud igualmente positiva frente al mismo, y así:

Como especial expresión de tal actitud positiva respecto del ejercicio colectivo de la libertad religiosa, en sus plurales manifestaciones o conductas, el art. 16.3 de la Constitución, tras formular una declaración de neutralidad (SSTC 340/1993, de 16 de noviembre, y 177/1996, de 11 de noviembre), considera el componente religioso perceptible en la sociedad española y ordena a los poderes públicos mantener «las consiguientes relaciones de cooperación con la Iglesia Católica y las demás confesiones», introduciendo de este modo una idea de aconfesionalidad o laicidad positiva que «veda cualquier tipo de confusión entre fines religiosos y estatales» (STC 177/1996).

De este modo, el principio de cooperación con las confesiones religiosas se encuentra contenido en el artículo 16.3 de la Constitución, en estrecha conexión con su artículo 9.2. Junto a la declaración de la aconfesionalidad del Estado, la Constitución incorpora un mandato a los poderes públicos para, en primer lugar, «tener en cuenta» las creencias religiosas (no otro tipo de creencias) y, una vez esa toma en consideración, mandata «mantener», en función de las mismas, relaciones de cooperación con la Iglesia católica y las demás confesiones religiosas. Consecuentemente, nuestro modelo constitucional de relaciones entre el Estado y la religión configura un doble mandato a los poderes públicos cuyo contenido consiste en mantener relaciones con las confesiones y que sean de cooperación (Ferrer Ortiz y Viladrich Bataller, 2007: 106).

Por esta razón, podemos reconocer como punto de partida de este mandato de cooperación el reconocimiento, por una parte, de la contribución del factor religioso al bien común («tener en cuenta»), y, por otra, el reconocimiento de los grupos religiosos como sujetos colectivos del derecho de libertad religiosa y su participación en la gestión de ese bien común como derivada de la configuración de nuestro Estado como social y democrático de derecho.

Por ello, el principio de cooperación puede considerarse como una exigencia de la dimensión externa de la libertad religiosa, de su *agere licere,* que es en el que recae precisamente la cooperación (Martí Sánchez y García Pardo, 2019: 65) y que faculta a los ciudadanos para actuar con arreglo a sus propias convicciones y mantenerlas frente a terceros con plena inmunidad de coacción del Estado o de cualesquiera grupos sociales. Esta configuración del principio de cooperación entronca sustancialmente con el carácter prestacional del derecho de libertad religiosa y, en consecuencia, constituye una concreción del mandato general dirigido a los poderes públicos por el artículo 9.2 de la Constitución. De ahí que la estrecha vinculación entre los artículos 16.3 y 9.2 de la Constitución nos lleva «no solo a descartar una actitud neutra ante el hecho religioso por parte de los poderes públicos, sino que les invitará a proyectar, también sobre el artículo 16, los mandatos del artículo considerado más progresista de la Constitución: el 9.2» (Ollero Tassara, 2005: 107).

La no incomunicación entre el Estado y las confesiones religiosas supone igualmente que, como señala Palomino Lozano (2015: 42), la cooperación conlleve la existencia de dos entidades distintas (Estado y confesiones religiosas) que actúan, sin embargo, juntamente para un mismo fin, aunque nada impide –tampoco el principio de aconfesionalidad– que se propongan la actuación conjunta para otros fines culturales, humanitarios, etc. Y supone, además, «la constitucionalización del común entendimiento que han de tener las relaciones entre los poderes públicos y las confesiones en orden a la elaboración de su status jurídico específico y a la regulación de su contribución al bien común ciudadano» (Ferrer Ortiz y Viladrich Bataller, 2007: 107).

Siguiendo a Salinas Mengual (2000: 55), el principio de cooperación conllevará, para los poderes públicos:

1. El deber de abrir cauces de comunicación con las confesiones religiosas.
2. El deber de prestar la colaboración necesaria para el cumplimiento de sus fines.
3. El deber de procurar una normativa jurídica pactada con cada confesión y acorde con sus hechos diferenciales.

Bien es sabido que el mandato de cooperación contenido en el artículo 16.3 de la Constitución no supone la existencia de un derecho fundamental de las confesiones religiosas al mismo, ya que «la cooperación no da derecho, por sí misma, a obtener un determinado tratamiento jurídico».

El principio de cooperación se traduce en nuestro ordenamiento jurídico en la redacción de la propia LOLR. Así, por una parte, cuando, tras declarar un elenco de lo que se consideran manifestaciones propias del ejercicio del derecho de libertad religiosa, tanto individual como colectiva, señala en su artículo 3.2 que:

> Para la aplicación real y efectiva de estos derechos, los poderes públicos adoptarán las medidas necesarias para facilitar la asistencia religiosa en los establecimientos públicos, militares, hospitalarios, asistenciales, penitenciarios y otros bajo su dependencia, así como la formación religiosa en centros docentes públicos.

Por otra parte, esa proyección de la cooperación la vemos igualmente en el artículo 7 de la citada LOLR, cuando establece la posibilidad de suscribir acuerdos de cooperación con las confesiones religiosas partiendo, eso sí, de tener en cuenta las creencias presentes en la sociedad española y señala que:

> El Estado, teniendo en cuenta las creencias religiosas existentes en la sociedad española, establecerá, en su caso, Acuerdos o Convenios de cooperación con las Iglesias, Confesiones y Comunidades religiosas inscritas en el Registro que por su ámbito y número de creyentes hayan alcanzado notorio arraigo en España. En todo caso, estos Acuerdos se aprobarán por Ley de las Cortes Generales.

Nuestra Constitución establece un mandato de cooperación, pero no determina cómo debe hacerse o vehicularse esa cooperación. No obstante, la LOLR concreta dos de las formas de materializarse esta cooperación en sus artículos 7 y 8. El artículo 7 establece la posibilidad de suscribir acuerdos de cooperación con las confesiones religiosas inscritas en el Registro de Entidades Religiosas y que hayan sido declaradas de notorio arraigo. Por su parte, el artículo 8 regula la creación de la Comisión Asesora de Libertad Religiosa. La Comisión tiene carácter paritario entre el Estado y los representantes de las confesiones religiosas y sus funciones son de «estudio, informe y propuesta de todas las cuestiones relativas a la aplicación de esta Ley, y particularmente, y con carácter preceptivo, en la preparación y dictamen de los Acuerdos o Convenios de cooperación a que se refiere el artículo anterior».

3.5.2. Fórmulas específicas de materialización del principio de cooperación religiosa

Dos de las fórmulas de materialización específica del principio de cooperación las podemos encontrar en el sistema de asistencia religiosa y en el reconocimiento civil de los efectos del matrimonio religioso.

a) La asistencia religiosa como fórmula específica de cooperación

La asistencia religiosa, como afirma Mantecón Sancho (2023: 11):

> consiste en la posibilidad de recibir los servicios espirituales de la propia Confesión, a petición del interesado, en situaciones que la doctrina denomina de "especial sujeción" y que exigen una cierta cooperación externa por parte del Estado para que dicha asistencia pueda llevarse a cabo.

El Estado no puede prestar directamente asistencia religiosa a sus ciudadanos, se lo impide el principio de aconfesionalidad. Sin embargo, este mismo principio contenido en el artículo 16.3 de la Constitución, en conexión con el mandato contenido en el artículo 9.2, permite la articulación de fórmulas de cooperación con las confesiones religiosas que posibiliten la asistencia religiosa de los ciudadanos que se encuentran en determinadas condiciones.

Y así, del juego del artículo 16.3 y del artículo 9.2 de la Constitución, se explica la redacción del artículo 2.1 b) de la LOLR cuando señala entre los derechos derivados de la libertad religiosa el de «practicar los actos de culto y recibir asistencia religiosa de su propia confesión», e igualmente el colofón de ese mismo artículo en su párrafo 3.º cuando, tras describir un elenco de manifestaciones propias de esta libertad, señala que:

> Para la aplicación real y efectiva de estos derechos, los poderes públicos adoptarán las medidas necesarias para facilitar la asistencia religiosa en los establecimientos públicos, militares, hospitalarios, asistenciales, penitenciarios y otros bajo su dependencia, así como la formación religiosa en centros docentes públicos.

Tradicionalmente, la doctrina ha establecido tres tipos o modelos en los que puede organizarse la asistencia religiosa:

1. Modelo de integración orgánica: es aquel en el que los ministros de culto de las confesiones se integran en los cuerpos de funcionarios civiles o militares del Estado. Se trata de un sistema propio de los países confesionales.

2. Modelo de concertación: en este modelo la Administración pública correspondiente concierta a través de convenios con las confesiones la prestación de la asistencia a los ciudadanos que se encuentren en determinadas situaciones.

3. Modelo de libre acceso: la Administración pública se limita a facilitar el acceso de los ministros de culto a las instalaciones para que atiendan a los ciudadanos que lo soliciten.

La asistencia religiosa ha sido una de las materias propias de los acuerdos entre el Estado y la Iglesia católica de 1979 y las confesiones minoritarias en 1992. Los ámbitos en el que se ha desarrollado la asistencia son fundamentalmente tres: hospitales, cárceles y cuarteles.

i) Asistencia religiosa a las Fuerzas Armadas

El Acuerdo entre el Estado español y la Santa Sede sobre la asistencia religiosa a las Fuerzas Armadas y el Servicio Militar de clérigos y religiosos de 1979 establece que la asistencia religiosa a los miembros católicos de las Fuerzas Armadas se seguiría realizando, como anteriormente, mediante el Vicariato Castrense, pero no precisa el sistema concreto de asistencia, por lo que se siguió prestando inicialmente tras su forma mediante el de integración orgánica de los capellanes castrenses en los cuerpos militares.

En la actualidad, la Ley 39/2007, de 19 de noviembre, de la carrera militar, en su Disposición adicional octava, tras garantizar la asistencia religiosa a los miembros de las Fuerzas Armadas en los términos previstos en el ordenamiento, regula el denominado Servicio de Asistencia Religiosa en los siguientes términos:

1. Sistema de concertación para la asistencia religioso-pastoral a los miembros católicos de las Fuerzas Armadas que se ejerce por medio del Arzobispado Castrense, en los términos del Acuerdo de 3 de enero de 1979 entre el Estado español y la Santa Sede, prestándose por los Cuerpos Eclesiásticos del Ejército de Tierra, de la Armada y del Ejército del Aire, declarados a extinguir, y por el Servicio de Asistencia Religiosa de las Fuerzas Armadas, a través de los sacerdotes del Arzobispado Castrense.

2. Sistema de libre acceso y salida para los militares evangélicos, judíos o musulmanes, que podrán recibir asistencia religiosa de su propia confesión, si lo desean, de conformidad con lo determinado en los correspondientes acuerdos de cooperación establecidos entre el Estado español y la Federación de Entidades Religiosas Evangélicas de España, la Federación de Comunidades Judías de España y la Comisión Islámica de España, en concreto en sus artículos 8.

3. Los demás militares profesionales podrán recibir, si lo desean, asistencia religiosa de ministros de culto de las iglesias, confesiones o comunidades religiosas, inscritas en el Registro de Entidades Religiosas, en los términos previstos en el ordenamiento y, en su caso, de conformidad con lo que se establezca en los correspondientes acuerdos de cooperación entre el Estado español y dichas entidades. En la actualidad no hay sistema previsto en nuestro ordenamiento jurídico.

ii) Asistencia religiosa en hospitales públicos

1. Sistema de concertación para la asistencia a católicos. La Orden de 20 de diciembre de 1985 dispone la publicación del Acuerdo sobre Asistencia Religiosa Católica en Centros Hospitalarios Públicos,

por el cual el Estado garantiza el ejercicio del derecho a la asistencia religiosa de los católicos internados en los centros hospitalarios del sector público. En su virtud, en cada hospital público existirá un servicio de asistencia religiosa católica para asistir a los enfermos católicos, familiares, médicos y personal sanitario y otros enfermos que libremente lo demanden. Los capellanes serán designados por el Ordinario y nombrados por la autoridad sanitaria competente. La financiación del servicio correrá a cargo del Estado y se establece el número de capellanes según el número de camas.

2. Libre acceso para los fieles de las confesiones con acuerdos de cooperación. El respectivo artículo 9 de los acuerdos afirma la existencia del derecho a la asistencia religiosa de los internados en centros hospitalarios o asistenciales del sector público. Los ministros son designados por las distintas iglesias o comunidades, con la conformidad de las federaciones (salvo en el caso de la Comisión Islámica de España) y debidamente autorizados por los centros sanitarios. El acceso de los ministros de culto será libre y sin limitación de horario, pero respetando las normas de régimen interno. Los gastos ocasionados corren a cargo de las respectivas iglesias y comunidades, salvo en el caso de la Comisión Islámica de España, que se remite a acuerdos con la dirección de los centros.

iii) Asistencia religiosa en establecimientos penitenciarios

La Ley Orgánica 1/1979, de 26 de septiembre, General Penitenciaria dedica su artículo 54 a la asistencia religiosa, señalando que: «La Administración garantizará la libertad religiosa de los internos y facilitará los medios para que dicha libertad pueda ejercitarse». Y el artículo 230.1 del Real Decreto 190/1996, de 9 de febrero, por el que se aprueba el Reglamento Penitenciario, aunque se remite también a lo establecido en los acuerdos o convenios firmados con las confesiones, establece igualmente que:

> Todos los internos tendrán derecho a dirigirse a una confesión religiosa registrada para solicitar su asistencia siempre que ésta se preste con respeto a los derechos de las restantes personas. En los Centros podrá habilitarse un espacio para la práctica de los ritos religiosos.

1. Sistema de concertación para los católicos. Regulado por la Orden de 24 de noviembre de 1993 por la que se dispone la publicación del Acuerdo sobre asistencia religiosa católica en los Establecimientos

penitenciarios, da paso desde el sistema de integración orgánica, a través de un cuerpo de capellanes de prisiones, declarado a extinguir, al actual sistema de concertación. La atención religiosa católica de los internos de los establecimientos penitenciarios se prestará por ministros de culto católicos, nombrados por el Ordinario del lugar y autorizados formalmente por la Dirección General de Instituciones Penitenciarias, a la que corresponderá la cobertura económica de las prestaciones de asistencia religiosa católica, tanto en lo relativo a gastos materiales como de personal. Los establecimientos penitenciarios dispondrán de una capilla para la oración y, si ello no fuera posible, deberán contar con un local apto para la celebración de los actos de culto.

2. Sistema de libre acceso para los fieles de las confesiones con acuerdo de cooperación. Los acuerdos de cooperación con la Federación de Entidades Religiosas Evangélicas de España, la Federación de Comunidades Judías de España y la Comisión Islámica de España, en su artículo 9, prevén que la asistencia religiosa sea prestada por personas designadas por las distintas iglesias (evangélicas) y comunidades (judías e islámicas), con el visto bueno de su federación (salvo en el caso de los musulmanes), y autorizados por la dirección de los centros, garantizándoles el libre acceso a los centros penitenciarios sin limitación de horario. En el caso de los fieles de las comunidades evangélicas y judías, se prevé que los gastos ocasionados correrán a cargo de sus respectivas iglesias y comunidades. En el caso de los musulmanes, se prevé que se pondrán de acuerdo la dirección de los centros penitenciarios y la Comisión Islámica de España.

El Real Decreto 710/2006, de 9 de junio, vino a desarrollar los acuerdos de Cooperación firmados por el Estado con la Federación de Entidades Religiosas Evangélicas de España, la Federación de Comunidades Judías de España y la Comisión Islámica de España, en el ámbito de la asistencia religiosa penitenciaria. Esta norma define el contenido de la asistencia religiosa como el conjunto de «funciones de asistencia religiosa las dirigidas al ejercicio del culto, la prestación de servicios rituales, la instrucción y el asesoramiento moral y religioso así como, en su caso, las honras fúnebres en el correspondiente rito». Igualmente, establece que la asistencia religiosa en los centros penitenciarios será prestada por los ministros de culto designados por las respectivas confesiones, y autorizados por la administración penitenciaria competente. El Real Decreto determina los requisitos y documentación exigibles para poder recibir la autorización por parte de los ministros para acceder a los centros penitenciarios.

Por su parte, en octubre de 2007, los ministros de Justicia e Interior firmaron un Convenio de colaboración del Estado con la Comisión Islámica de España para la financiación de los gastos que ocasione el desarrollo de la asistencia religiosa en los establecimientos penitenciarios de competencia estatal cuando la soliciten, al menos, diez reclusos. La existencia de un número menor de solicitantes no impedirá la debida asistencia religiosa en los términos previstos por la normativa, pero, en ese caso, el Estado no procederá a financiar los gastos que dicha asistencia origine. La cuantía que deberá ser abonada a cada asistente religioso dependerá de la demanda de asistencia religiosa efectivamente acreditada en cada centro penitenciario, de acuerdo con el baremo que contempla el convenio. Este se renueva anualmente.

b) Reconocimiento de efectos civiles del matrimonio religioso

En el ámbito internacional, el derecho a contraer matrimonio se recoge en el artículo 16 de la Declaración Universal de Derechos Humanos, en el artículo 12 del Convenio para la Protección de los Derechos Humanos y de las Libertades Fundamentales y en el artículo 23.2 del Pacto Internacional de Derechos Civiles y Políticos. En nuestro ordenamiento, este derecho aparece recogido en el artículo 32 de la Constitución. Por otra parte, el derecho a contraer matrimonio según el rito religioso correspondiente constituye una de las manifestaciones de la libertad religiosa, tal y como se recoge en el artículo 2.1.b) de la LOLR. Interesa señalar que una cosa es el reconocimiento del derecho a contraer matrimonio según el rito religioso propio y otra el que a este se le reconozcan efectos civiles, que no es un derecho como tal.

El sistema matrimonial español es un sistema pluralista, en la medida en que junto al matrimonio civil se admite la eficacia civil de matrimonios celebrados en forma religiosa. Para contraer matrimonio con eficacia civil no es obligatorio contraerlo ante la autoridad civil, sino que se admite contraerlo según el rito y ante la autoridad religiosa correspondiente. En este orden de cosas, el artículo 49 del Código Civil establece que: «Cualquier español podrá contraer matrimonio dentro o fuera de España: 1.º En la forma regulada en este Código. 2.º En la forma religiosa legalmente prevista». Igualmente, el artículo 59 establece respecto de la forma del matrimonio que: «El consentimiento matrimonial podrá prestarse en la forma prevista por una confesión religiosa inscrita, en los términos acordados con el Estado o, en su defecto, autorizados por la legislación de éste». Y, por su parte, en esta regulación del matrimonio en forma religiosa, el artículo 60 indica los requisitos para otorgar validez con carácter general a este tipo de matrimonios, señalando al efecto que:

> 1. El matrimonio celebrado según las normas del Derecho canónico o en cualquiera de otras formas religiosas previstas en los acuerdos de cooperación entre el Estado y las confesiones religiosas produce efectos civiles.

> 2. Igualmente, se reconocen efectos civiles al matrimonio celebrado en la forma religiosa prevista por las iglesias, confesiones, comunidades religiosas o federaciones de las mismas que, inscritas en el Registro de Entidades Religiosas, hayan obtenido el reconocimiento de notorio arraigo en España.

> En este supuesto, el reconocimiento de efectos civiles requerirá el cumplimiento de los siguientes requisitos:

> a) La tramitación de un acta o expediente previo de capacidad matrimonial con arreglo a la normativa del Registro Civil.

> b) La libre manifestación del consentimiento ante un ministro de culto debidamente acreditado y dos testigos mayores de edad.

La condición de ministro de culto será acreditada mediante certificación expedida por la iglesia, confesión o comunidad religiosa que haya obtenido el reconocimiento de notorio arraigo en España, con la conformidad de la federación que, en su caso, hubiere solicitado dicho reconocimiento.

En la actualidad, y una vez entró en vigor la Ley 15/2015, de 2 de julio, de Jurisdicción Voluntaria (LJV), se reconocen efectos civiles a los matrimonios de las siguientes iglesias o confesiones religiosas: al matrimonio canónico, evangélico, judío y musulmán, e igualmente al de los testigos de Jehová, mormones, budistas y ortodoxos, puesto que en la LJV se ha incluido el reconocimiento de los celebrados en la forma religiosa de aquellas iglesias, confesiones, comunidades o federaciones que poseen notorio arraigo.

i) El matrimonio canónico

Más allá de la previsión ya contemplada en el artículo 49 del Código Civil, respecto de la eficacia civil del matrimonio canónico hay que acudir al artículo VI.1 del Acuerdo sobre Asuntos Jurídicos, celebrado entre el Estado español y la Santa Sede el 3 de enero de 1979, que establece: «El Estado reconoce los efectos civiles al matrimonio celebrado según las normas del Derecho Canónico (…)». Igualmente, se establece que para el pleno reconocimiento de esos efectos será necesaria la inscripción en el Registro Civil, «que se practicará con la simple presentación de certificación eclesiástica de la existencia del matrimonio».

Interesa señalar que, a diferencia de lo que ocurre con el resto de matrimonios celebrados en forma religiosa, en el caso del matrimonio canónico, el Estado se compromete a reconocer efectos civiles al matrimonio «celebrado según las normas del Derecho Canónico», es decir, constituido válidamente según las leyes de la Iglesia y no como mera formalidad litúrgica, que es lo que ocurre con el resto de matrimonios celebrados en forma religiosa. Y, por tanto, de acuerdo con los requisitos sustantivos que la Iglesia exige sobre edad, capacidad, ausencia de impedimentos, etc.; del tal modo que puede decirse que «el Estado admite la eficacia civil del matrimonio canónico tanto en su momento constitutivo, como extintivo, aunque en este último caso, sometiendo la decisión eclesiástica al requisito de que sea declarada "ajustada al Derecho del Estado" por el Juez civil» (Mantecón Sancho, 2023: 123).

A diferencia de la regulación prevista en el artículo 60.2.a) del Código Civil para los restantes matrimonios religiosos, que exige un expediente previo de capacidad con carácter anterior a la celebración, en el matrimonio canónico el expediente previo no se tramitará por funcionarios civiles, sino que la comprobación de los requisitos de capacidad será realizada por las personas designadas por el derecho canónico, conforme a lo establecido por el mismo. Claro que, hay que decirlo, todo sin perjuicio de la previsión contemplada en el párrafo segundo del artículo 63 del Código Civil (por ejemplo, por impedimento de edad).

Una vez efectuado el correspondiente expediente matrimonial canónico según las prescripciones del Código de Derecho Canónico, se podrá celebrar el sacramento del matrimonio según la forma ordinaria contemplada en el canon 1108: ante la presencia del sacerdote y de dos testigos (no se exige que hayan de ser mayores de edad). Una vez celebrado el matrimonio, para su inscripción bastará con la presentación de la certificación eclesiástica en la que, conforme al Protocolo Final del Acuerdo sobre Asuntos Jurídicos y al artículo 63.1 del Código Civil, deberán constar los datos exigidos.

De conformidad con el artículo VI.1 del citado Acuerdo de 1979, los efectos civiles del matrimonio canónico se producen desde su celebración, y para su pleno reconocimiento será necesaria la inscripción en el Registro Civil, que se practicará con la simple presentación de certificación eclesiástica de la existencia del matrimonio. Todo ello sin olvidar que la inscripción posee efectos declarativos y no constitutivos, aunque es obligatoria para sus plenos reconocimientos, ya que, si bien el matrimonio canónico es válido desde el momento de su celebración, ello lo es sin perjuicio de la protección de los derechos adquiridos por terceros de buena fe que no conocían la existencia del matrimonio por la falta de publicidad (artículo 61 del Código Civil).

Por otra parte, el artículo VI.2 del Acuerdo de 1979 establece que:

> Los contrayentes, a tenor de las disposiciones del Derecho Canónico, podrán acudir a los Tribunales Eclesiásticos solicitando declaración de nulidad o pedir decisión pontificia sobre matrimonio rato y no consumado. A solicitud de cualquiera de las Partes, dichas resoluciones eclesiásticas tendrán eficacia en el orden civil si se declaran ajustadas al Derecho del Estado en resolución dictada por el Tribunal Civil competente.

En desarrollo de este precepto acordado, el artículo 80 del Código Civil señala que:

> Las resoluciones dictadas por los Tribunales eclesiásticos sobre nulidad de matrimonio canónico o las decisiones pontificias sobre matrimonio rato y no consumado tendrán eficacia en el orden civil, a solicitud de cualquiera de las partes, si se declaran ajustadas al Derecho del Estado en resolución dictada por el Juez Civil competente conforme a las condiciones a las que se refiere el artículo 954 de la Ley de Enjuiciamiento Civil.

Hay que señalar que el resto de acuerdos de cooperación no reconoce la eficacia civil de las resoluciones de las confesiones religiosas que puedan acordar la nulidad de sus matrimonios.

La Ley 29/2015, de 30 de julio, de cooperación jurídica internacional en materia civil, derogó el citado artículo 954 que regulaba el procedimiento de *exequatur,* pero se olvidó de reformar el artículo 80 del Código Civil, que sigue manteniendo la redacción anterior. Sin embargo, dicha ley no realiza en su articulado ninguna mención al ajuste al derecho del Estado de las resoluciones canónicas. Por ello, habrá que acudir a los artículos 41 y siguientes de la citada ley, relativos al reconocimiento y ejecución de resoluciones judiciales y documentos públicos extranjeros, del procedimiento de exequatur y de la inscripción en registros públicos.

ii) Matrimonio de las confesiones religiosas con acuerdo de cooperación
El artículo 7 de los acuerdos de cooperación del Estado español con la FEREDE, la FCJE y la CIE reconoce la eficacia civil de los matrimonios celebrados según la forma religiosa propia de cada una de dichas

confesiones, exigiendo, para el pleno reconocimiento, la inscripción en el Registro Civil. Para todos ellos se requiere, según se desprende del artículo 7.2 de los acuerdos, la necesidad de comprobación de la capacidad matrimonial de los contrayentes, que se llevará a cabo a través del expediente matrimonial previo a su celebración, referido, principalmente, a la determinación de la ausencia de impedimentos y a la idoneidad psíquica de los contrayentes.

El artículo 7.2 de los acuerdos con la FEREDE y la FCJE es claro en este sentido al señalar que:

> Las personas que deseen contraer matrimonio en la forma prevista en el párrafo anterior promoverán acta o expediente previo al matrimonio ante el Secretario judicial, Notario, Encargado del Registro Civil o funcionario diplomático o consular Encargado del Registro Civil correspondiente conforme a la Ley del Registro Civil.

Sin embargo, el artículo 7.2 del acuerdo con la CIE tiene una redacción un tanto distinta, ya que señala que:

> Las personas que deseen inscribir el matrimonio celebrado en la forma prevista en el número anterior, deberán acreditar previamente su capacidad matrimonial, mediante copia del acta o resolución previa expedida por el Secretario judicial, Notario, Encargado del Registro Civil o funcionario diplomático o consular Encargado del Registro Civil conforme a la Ley del Registro Civil y que deberá contener, en su caso, juicio acreditativo de la capacidad matrimonial.

Es decir, que para los musulmanes cabría entenderse que la acreditación de la capacidad matrimonial se ha de producir antes de la inscripción, pero nada dice el precepto de que sea antes de su celebración, a diferencia de los otros dos acuerdos. Ahora bien, como señala Mantecón Sancho (2023):

> después de la reforma operada por la Ley de Jurisdicción Voluntaria de 2015, parece que se podrá exigir al matrimonio islámico la realización del expediente previo y el certificado de capacidad, como al resto de los matrimonios. Así parece deducirse de la interpretación dada a la reforma por la Orden de 19 de abril de 2016 del Ministerio de Justicia.

De conformidad con los acuerdos, para la validez civil de los matrimonios celebrados en forma religiosa musulmana, judía o evangélica se requerirá que el consentimiento matrimonial, además de prestarse en la forma propia de cada confesión, se efectúe ante el ministro de culto correspondiente y, al menos, ante dos testigos mayores de edad. El matrimonio deberá celebrarse, en el caso de judíos y evangélicos, antes de que hayan transcurrido seis meses desde la expedición de la certificación de capacidad matrimonial; en el caso de los musulmanes, no podrá practicarse la inscripción en el Registro Civil si se hubiera celebrado el matrimonio transcurridos más de seis meses desde la fecha del acta o de la resolución del expediente matrimonial.

Una vez celebrado el matrimonio, el ministro de culto oficiante, o el representante de la comunidad en el caso de los musulmanes, extenderá certificación expresiva de la celebración, con los requisitos necesarios para su inscripción y las menciones de identidad de los testigos y de las circunstancias del acta. Igualmente, extenderán en las dos copias del acta o resolución previa de capacidad matrimonial diligencia expresiva de la celebración del matrimonio; una copia se entregará a los contrayentes y la otra se conservará como acta de la celebración en el archivo del oficiante o de la entidad religiosa que representa como ministro de culto.

iii) Matrimonio de las confesiones con notorio arraigo

La Disposición Final primera de la Ley 15/2015, de 2 de julio, de Jurisdicción Voluntaria, modificó el artículo 60 del Código Civil reconociendo efectos civiles a los matrimonios contraídos en forma religiosa de las confesiones que, inscritas en el RER, hubieran obtenido la declaración de notorio arraigo, que en la actualidad son los Testigos Cristianos de Jehová, la Iglesia de Jesucristo de los Santos de los Últimos Días (mormones), la Federación de Comunidades Budistas de España, la Iglesia ortodoxa y la Comunidad Bahá'í en España.

En estos casos, el reconocimiento de efectos civiles requerirá el cumplimiento de los siguientes requisitos: a) la tramitación de un acta o expediente previo de capacidad matrimonial con arreglo a la normativa del Registro Civil; y b) la libre manifestación del consentimiento ante un ministro de culto debidamente acreditado y dos testigos mayores de edad. La condición de ministro de culto será acreditada mediante certificación expedida por la iglesia, confesión o comunidad religiosa que haya obtenido el reconocimiento de notorio arraigo en España, con la conformidad de la federación que, en su caso, hubiere solicitado dicho reconocimiento.

4

LAS CONFESIONES RELIGIOSAS

La personalidad jurídica específica de los grupos religiosos en España adopta tres figuras jurídicas en el marco del derecho eclesiástico del Estado: confesión, entidad y federación religiosa. De las tres, como señala Palomino Lozano (2015: 67), la principal es la confesión religiosa; las otras dos no pueden existir jurídicamente sin la primera.

4.1. CONFESIONES, ENTIDADES Y FEDERACIONES RELIGIOSAS EN EL DERECHO ESPAÑOL

4.1.1. Confesiones

a) Noción

Los sujetos colectivos confesionales son expresamente reconocidos en el artículo 16 de la Constitución. Su párrafo primero garantiza la libertad de religión de las comunidades sin más limitaciones, en su manifestación, que las derivadas del mantenimiento del orden público. Por su parte, el párrafo tercero se refiere expresamente a las confesiones religiosas, al señalar que ninguna tendrá carácter estatal y al establecer el mandato de cooperación con la Iglesia católica y las demás confesiones religiosas. El artículo 16 contiene así una institucionalización de la dimensión colectiva de la libertad religiosa por medio de las comunidades religiosas o confesiones.

Podemos ver así cómo la Constitución reserva en aquel primer párrafo a las comunidades religiosas, entendidas en sentido amplio como grupos religiosos, la categoría general de sujeto del derecho de libertad religiosa; y para una categoría específica de aquellas, las confesiones, la categoría de sujetos de configuración constitucional en el párrafo tercero, al modo de los sindicatos, partidos políticos, asociaciones empresariales o colegios profesionales (Llamazares, 1989: 653). De este modo, podemos decir que las confesiones religiosas son los sujetos institucionales del derecho colectivo de libertad religiosa.

Los grupos religiosos, como entidades de algún modo previas a su institucionalización como confesiones religiosas, tienen en nuestro ordenamiento jurídico varias posibilidades para configurar su estatuto jurídico, que señala Mantecón Sancho (2023: 57):

a. No inscribirse en ningún registro público y funcionar como grupo de hecho.

b. Constituirse como asociaciones civiles e inscribirse en el Registro General de Asociaciones del Ministerio del Interior, acogiéndose al derecho común de asociación.

c. Inscribirse en el Registro de Entidades Religiosas.

Un paso más allá, como categoría específica, como decíamos, constituyen así las confesiones religiosas el sujeto colectivo por excelencia del derecho eclesiástico, que incluye en esta denominación las diferentes iglesias, confesiones y comunidades. Por lo tanto, con el término confesión religiosa estamos haciendo referencia indistinta a las iglesias, confesiones y comunidades religiosas.

Ahora bien, aunque la Constitución se refiera a las comunidades religiosas genéricamente como sujetos de la libertad religiosa, y a pesar de la mención específica de las confesiones religiosas respecto al mandato de cooperación, no se puede afirmar que el texto constitucional contenga una definición de confesión religiosa. Tampoco la encontramos ni en la propia LOLR ni en Real Decreto 594/205, de 3 de julio, sobre organización y funcionamiento del Registro de Entidades Religiosas. Junto a esta falta de definición o indeterminación legal sobre lo que sea una confesión religiosa, existe también una indeterminación doctrinal acerca de su concepto. No podemos obviar que los fenómenos religiosos son muy variados y sus manifestaciones y organizaciones colectivas, diversísimas. No obstante, puesto que el ordenamiento jurídico ha previsto un régimen especial para aquellas entidades que lo sean, es claro que corresponderá a los poderes públicos la facultad de determinar a qué entidades resulta aplicable el régimen previsto para este tipo de entes.

Sin perjuicio de que el término confesión religiosa tiene un marcado carácter instrumental, es evidente que con esa expresión nos podemos referir a multitud de instituciones, organizaciones y grupos muy diferentes unos de otros (en autocomprensión, organización, origen, etc.), cuyo único elemento en común es que tienen una finalidad religiosa. Ello nos sitúa ante una noción de difícil aprehensión jurídica y doctrinal. Para Bernárdez Cantón (1989: 416), como definición empírica y descriptiva se podría decir que una confesión religiosa es «una agrupación de personas dotada de una cohesión interna proveniente de la aceptación de unos principios religiosos y de una cohesión orgánica unitaria y externa más o menos evolucionada». Por su parte, para Martín Sánchez (1997: 201), una confesión religiosa es la «asociación de individuos, dirigida a expresar en forma colectiva el derecho de libertad religiosa, que se articula en una institución, organizada jerárquicamente o no, participando de una creencia común y determinada acerca de la existencia de un ser superior, transcendente o no, con el cual puede comunicarse a través de prácticas cultuales».

En cualquier caso, podemos decir que de la doctrina y la jurisprudencia puede deducirse respecto de las confesiones que dichos grupos están dedicados a favorecer y posibilitar las creencias religiosas de sus miembros, en cuanto que articulan un sistema que hace efectiva la libertad de religión, como derecho individual de quienes lo integran, al mismo tiempo que expresan la dimensión colectiva de este derecho fundamental. Los requisitos sustantivos que de este modo conforman la naturaleza de una confesión se estructuraran en torno a, por una parte, la naturaleza sociológica o comunitaria de las confesiones, lo que significa que una entidad pretendidamente religiosa deber ser, ante todo, un grupo, una entidad que descanse en un grupo humano; y, por otra parte, la naturaleza religiosa de las confesiones, lo que significa a su vez el carácter religioso de ese grupo, es decir, su finalidad religiosa (Martín Sánchez, 1997: 201).

No obstante, pese a la falta de determinación legal del concepto de confesión religiosa, sí que es posible deducir alguna de sus notas desde el propio texto constitucional y la LOLR. La LOLR perfila la noción de confesión religiosa desde una vertiente negativa. No dice qué son las confesiones, pero sí establece lo que no debe entenderse por tales. El artículo 3.2 excluye del ámbito de protección de la ley que desarrolla el derecho fundamental a las entidades relacionadas con el estudio y experimentación de los fenómenos psíquicos o parapsicológicos o la difusión de valores humanísticos o espiritualistas u otros ajenos a los religiosos. Es decir, las confesiones hacen referencia a las creencias religiosas, de lo cual, a su vez, se siguen dos consecuencias: una, obvia, que las confesiones son grupos religiosos; otra, que las confesiones son consecuencia de las creencias religiosas, no de las posiciones ideológicas (Prieto Sanchís, Ibán Pérez y Motilla de la Calle, 1997: 161).

De la redacción del artículo 16.3 de la Constitución podemos deducir algunas notas de interés al respecto (Murgoitio García, 2008: 95). En primer lugar, la declaración de aconfesionalidad o la prohibición de que ninguna confesión tendrá carácter estatal apunta hacia entidades confesionales organizadas con rango de ordenamiento, único capaz de asumir carácter estatal y que corresponde con lo que es propio de los ordenamientos jurídicos primarios. En segundo lugar, el expreso mandato de cooperación del párrafo tercero del artículo 16 de la Constitución lo es entre instituciones de diversa índole, pero instituciones. Esto es, nos habla de entidades autónomas e independientes cada una en su propio ámbito, de tal modo que las confesiones no son objeto de creación por el Estado, sino que son previas a este, reconocidas como un *prius* ya constituido por sus propias fuerzas creadoras (López Alarcón, 2012: 184). En tercer lugar, como señala López Alarcón (1989: 467), la referencia a las creencias religiosas de la sociedad española enlaza el dato religioso con el histórico y social del pueblo español, de lo que se deduce que el Estado acoge las realizaciones asociadas de la religión tal como las entiende y vive la sociedad española. En cuarto y último lugar, la Constitución, si bien no define un concepto de confesión religiosa, sí que determina claramente una cuestión: que la Iglesia católica lo es. Esta mención expresa lleva a algunos autores a manifestar que la Iglesia católica no es un mero ejemplo, sino un auténtico modelo de lo que sea una confesión religiosa, lo que implica que aquellas manifestaciones agrupadas de religiosidad que sean muy diversas a ella probablemente no podrán ser caracterizadas como confesión (Prieto Sanchís *et al.,* 1997: 160).

En cualquier caso, además de todo lo dicho, existe un elemento configurador de la noción de confesión religiosa, casi podríamos decir axiológico, que se encuentra recogido en el artículo 6.d) del Real Decreto 594/2015, de 3 de julio. Nos referimos a la existencia de la finalidad religiosa. Con respecto a esta finalidad, González del Valle (2005: 162) llega a plantear que el fin religioso que hay que tomar en consideración con carácter primario es la finalidad de culto. Esta es la única actividad propia y específica de las confesiones, y es una actividad aestatal. Por su parte, para López Alarcón (2012: 184), la exteriorización del fin religioso tiene fundamentalmente lugar por actos de culto público, y también mediante la transmisión de creencias y doctrinas propias, y por un sistema moral que exige comportamientos individuales ajustados a él.

En suma, con Palomino Lozano (2015: 67) podemos concluir que la confesión religiosa sería:

> la denominación específica que se da a la persona jurídica del Derecho estatal español y que se otorga a los grupos religiosos que reúnen dos condiciones básicas (organización estable y finalidad religiosa) como resultado de la inscripción en el Registro de entidades religiosas.

No obstante, conviene recordar que el artículo 10.2 de la carta magna insta a interpretar las normas relativas a libertad religiosa o a cualquier otro derecho fundamental «de conformidad con la Declaración Universal de las Naciones Unidas y los tratados y acuerdos internacionales sobre las mismas materias ratificados por España». Así, el intérprete más autorizado del Pacto Internacional de Derechos Civiles y Políticos de 1966, que es el grupo de expertos que forman el Comité de Derechos Humanos, en la exégesis que realiza del artículo 18 referido a la libertad de pensamiento, de conciencia y de religión, estima que los términos convicción o religión han de ser interpretados en sentido amplio incluyendo no solo las religiones tradicionales o análogas a las tradicionales, sino también las convicciones teístas, no teístas y ateas, así como el derecho a no profesar ninguna convicción o religión. El Comité está defendiendo una concepción amplia del término confesión.

Esta dificultad de definición se extiende al ámbito europeo, cuando la Unión Europea, consciente de que sus Estados partes mantienen diferencias en el tratamiento jurídico de las confesiones religiosas presentes en sus sociedades, establece en el artículo 17 de su Tratado de Funcionamiento que: «respeta y no prejuzga el estatuto reconocido, en virtud del Derecho nacional a las iglesias y las asociaciones o comunidades religiosas en los Estados miembros».

b) Características

Como ya hemos dicho, ni la LOLR ni la Constitución ofrecen una definición de confesión religiosa, aunque esta última las reconoce en el artículo 16.3 como representantes institucionales de las creencias religiosas de la sociedad española, y son quienes mantienen relaciones de cooperación con los poderes públicos. A la luz del principio de aconfesionalidad, es lógico que ni la Constitución ni la LOLR hayan definido jurídicamente lo que es una confesión religiosa. El Estado, en cuanto que neutro en materia religiosa, no puede ni valorar ni definir el contenido de un grupo religioso porque es incompetente en dicha materia. Los únicos competentes para hacer esa valoración son los individuos y las comunidades, únicos titulares del derecho a la libertad religiosa.

Las confesiones religiosas presentan, como señala Salinas Mengual (2020: 88) las siguientes características:

a. Poseen una organización estable, que encuentra su fundamento en el artículo 6 de la LOLR, que considera la confesión religiosa como una entidad anterior al Estado y que goza de plena autonomía en su organización interna.

b. Poseen una finalidad religiosa, en conexión con lo previsto en el artículo 5 de la LOLR, entendida como la creencia en un Dios transcendente, la existencia de credo o doctrina, una moralidad conforme con aquella, la práctica del culto que por medio de ritos externos permite la relación de los fieles con su Dios.

Junto a estas características principales, encontramos otras como las siguientes:

1. Se encuentran sujetas a un derecho especial, delimitado por el bloque de constitucionalidad sobre la libertad religiosa y constituyen un fenómeno diferente del asociativo privado, al que no pueden ser reconducidas.
2. Adquieren personalidad jurídica mediante su inscripción en el RER, que es condición indispensable para inscribir a sus ministros de culto y sus lugares de culto, como establece el artículo 3 del Real Decreto 594/205, de 3 de julio.
3. Gozan de autonomía interna.
4. Pueden inscribirse en federaciones religiosas, de conformidad con los artículos 2 y 8 del Real Decreto 594/205, de 3 de julio.

c) Clasificación

Podemos clasificar los diferentes tipos de confesiones religiosas desde el punto de vista de la posición que ocupan en el ordenamiento jurídico español o su reconocimiento por este en la medida en que cada uno de estos tipos conlleva que las confesiones religiosas disfruten distintas facultades y prerrogativas.

El primer lugar lo ocupa la Iglesia católica, que es la única entidad mencionada expresamente en el artículo 16.3 de la Constitución. Su estatuto jurídico viene determinado por el Acuerdo básico del 28 de julio de 1976 y los cuatro Acuerdos de 3 de enero de 1979, suscritos entre el Estado español y la Santa Sede. Acuerdos que, como ya hemos tenido ocasión de tratar, tienen naturaleza de tratado internacional y son considerados convenciones bilaterales de derecho público externo, ya que nos encontramos ante dos sujetos que gozan de subjetividad internacional.

El segundo tipo se encuentra conformado por las confesiones religiosas que han firmado un acuerdo de cooperación con el Estado sobre la base del artículo 7 de la LOLR. Se trata de las comunidades e iglesias integradas en la Federación de Entidades Religiosas Evangélicas de España, la Federación de Comunidades Judías de España y la Comisión Islámica de

España, a las que se les aplican respectivamente los acuerdos aprobados por las Leyes 24, 25 y 26/1992, de 10 de noviembre, que tienen naturaleza de acuerdos de derecho público interno, a través de los que se determina para estas un estatuto jurídico especial pactado.

Un tercer grupo estará integrado por aquellas confesiones religiosas a las que la Administración ha reconocido el notorio arraigo en España por su ámbito y número de creyentes, de conformidad con el artículo 7.1 de la LOLR, pero que no han firmado un acuerdo de cooperación con el Estado (la declaración de notorio arraigo no conlleva automáticamente la suscripción de un acuerdo de cooperación con el Estado). Actualmente integran este grupo las siguientes confesiones: la Iglesia de Jesucristo de los Santos de los Últimos Días, que obtuvo la declaración el 23 de abril de 2003; la Iglesia de los Testigos de Jehová, el 29 de junio de 2006; la Federación de Entidades Budistas de España, declarada de notorio arraigo con fecha 18 de octubre de 2007; la Iglesia ortodoxa, el día 15 de abril de 2010; y recientemente la Comunidad Bahá'í en España, el 26 de septiembre de 2023. La declaración de notorio arraigo supone que la confesión religiosa pueda disfrutar de prerrogativas, como su participación en la Comisión Asesora de Libertad Religiosa, la posibilidad de concurrir en las convocatorias de la Fundación Pluralismo y Convivencia para obtener financiación, así como el reconocimiento de efectos civiles al matrimonio celebrado en la forma prevista por dichas confesiones (de conformidad con el artículo 60 del Código Civil).

En cuarto lugar, se sitúan las confesiones religiosas meramente inscritas en el RER y que han adquirido personalidad jurídica a través de su inscripción según lo establecido en el artículo 5 de la LOLR; no tienen declaración de notorio arraigo ni acuerdo de cooperación con el Estado. Ahora bien, al dotarse de personalidad jurídica, obtienen una mayor proyección en la actividad de la confesión, con un especial respaldo legal (Martí Sánchez y García Pardo, 2019: 212).

Por último, se encuentran aquellos grupos que poseen finalidad religiosa, pero que no se han inscrito en el RER, bien porque la inscripción les ha sido denegada o bien porque nunca han pretendido el acceso. Por tanto, a diferencia de los anteriores, carecen del específico estatus que les confiere el reconocimiento de personalidad jurídica como confesión religiosa, actuando, en su caso, en el ordenamiento jurídico a través del derecho común de asociaciones o fundaciones. Al ser el derecho de libertad religiosa un derecho fundamental del que también son titulares los grupos religiosos, los aspectos más sustanciales de este derecho en su vertiente colectiva les son también de aplicación, sin necesidad de esa inscripción previa, tal como se deduce del bloque de constitucionalidad, ya que la existencia de los grupos religiosos es anterior a su reconocimiento por parte del Estado y el ejercicio del derecho fundamental de libertad religiosa, en su vertiente colectiva, no requiere la inscripción en ningún registro.

4.1.2. Entidades religiosas

Las confesiones religiosas constituyen la cúspide de las instituciones religiosas en nuestro ordenamiento jurídico. Sin embargo, las organizaciones religiosas dotadas de un carácter institucional no se agotan en ellas. Las confesiones religiosas contienen en su interior estructuras organizativas de diverso tipo destinadas a facilitar el cumplimiento de sus fines religiosos o a expresar su propia identidad. Por ello, estas estructuras, agrupaciones o asociaciones internas son las que podemos definir como entidades religiosas, que son «una creación del derecho estatal que reconoce o atribuye, según los casos, personalidad civil a sujetos orgánicos, asociativos y fundacionales que tienen existencia previa en las confesiones que los fundan y regulan» (Salinas Mengual, 2020: 90). Las entidades religiosas son, por ello, parte integrante de las propias confesiones religiosas.

El reconocimiento legal de esta posibilidad se recoge en el artículo 6.2 de la LOLR, que reconoce el derecho de las iglesias, confesiones y comunidades religiosas a crear entidades para el cumplimiento de sus fines; así, se señala que: «Las Iglesias, Confesiones y Comunidades religiosas podrán crear y fomentar, para la realización de su fines, Asociaciones, Fundaciones e Instituciones con arreglo a las disposiciones del ordenamiento jurídico general». Las entidades religiosas creadas por las confesiones obtendrán su reconocimiento formal por parte de los poderes públicos a través de su inscripción en el RER. Una vez reconocidas como tales por el Estado, se les aplicarán la LOLR o las previsiones contenidas en los acuerdos con las confesiones religiosas.

En cuanto a los fines de estas entidades, como señala Mantecón Sancho (2023: 60):

> Cabe identificar su religiosidad con mayor o menor rigor, pero en cualquier caso habrán de ser congruentes con los fines religiosos de la propia Confesión. Así se puede decir que existen fines estrictamente religiosos, como son los relacionados con el culto, la predicación, etc. Pero cabe también considerar como religiosos otros en sentido más amplio, como serían los educativos o asistenciales cuando son realizados por una entidad religiosa y sin ánimo de lucro.

Los tipos de entidades más habituales son los señalados por el propio artículo 6.2 de la LOLR, pero igualmente por el artículo 2.2 del Real Decreto 594/2015, de 3 de julio, por el que se regula el Registro de Entidades Religiosas, que al señalar las entidades inscribibles en el mismo señala también las siguientes:

> Los siguientes tipos de entidades religiosas, siempre que hayan sido erigidas, creadas o instituidas por una Iglesia, Confesión o Comunidad religiosa o Federaciones de las mismas inscritas en el Registro: a) Sus circunscripciones territoriales. b) Sus congregaciones, secciones o comunidades locales. c) Las entidades de carácter institucional que formen parte de su estructura. d) Las asociaciones con fines religiosos que creen o erijan, así como sus federaciones. e) Los seminarios o centros de formación de sus ministros de culto. f) Los centros superiores de enseñanza que impartan con exclusividad enseñanzas teológicas o religiosas propias de la Iglesia, Confesión o Comunidad religiosa inscrita. g) Las comunidades monásticas o religiosas y las órdenes o federaciones en que se integren. h) Los institutos de vida consagrada y sociedades de vida apostólica, sus provincias y casas, así como sus federaciones. i) Cualesquiera otras entidades que sean susceptibles de inscripción de conformidad con los Acuerdos entre el Estado español y las confesiones religiosas.

Únicamente la Iglesia católica tiene normativa reguladora de sus entidades por parte del Estado y como desarrollo de los acuerdos suscritos. Así, puede mencionarse la Resolución de 3 de diciembre de 2015, de la Dirección General de Cooperación Jurídica Internacional y Relaciones con las Confesiones, sobre inscripción de entidades católicas en el Registro de Entidades Religiosas, que se dictó en aplicación del Real Decreto 594/2015, de 3 de julio, por el que se regula el Registro de Entidades Religiosas, y de conformidad con lo establecido en el Artículo I del Acuerdo entre el Estado español y la Santa Sede sobre Asuntos Jurídicos, en relación con las entidades objeto de inscripción en dicho registro. De esta norma interesa destacar el apartado cuarto relativo a las fundaciones religiosas de la Iglesia católica reguladas en el canon 115 y/o concordantes del Código de Derecho Canónico. En ella se menciona el Real Decreto 589/1984, de 8 de febrero, sobre Fundaciones religiosas de la Iglesia católica. Se trata de la única normativa sobre fundaciones de las confesiones religiosas. Ejemplos de entidades religiosas serían, para la Iglesia católica, las diócesis o parroquias, una fundación canónica (destinada a la caridad, a la educación o la sanidad) o una cofradía.

4.1.3. Federaciones religiosas

El proceso de suscripción de acuerdos con las confesiones minoritarias motivó el hecho de que las diversas iglesias o comunidades religiosas que compartían una misma fe se reunieran en federaciones confesionales de cara a mantener una interlocución unitaria con el Estado. Se crearon, conforme al artículo 5 de la LOLR, con el fin primordial de representar a confesiones incorporadas a ellas en la negociación de acuerdos jurídicos con el Estado español. La federación así constituida no es una nueva confesión, sino una entidad de carácter instrumental al servicio de las iglesias o comunidades integradas en ella.

Las principales federaciones son la Federación de Entidades Religiosas Evangélicas de España (FEREDE), la Federación de Comunidades Judías de España (FCJE) y la Comisión Islámica de España (CIE), que son las que han suscrito acuerdos de cooperación con el Estado. La CIE, a su vez, está integrada por dos federaciones: la Unión de Comunidades Islámicas de España (UCIDE) y la Federación Española de Entidades Religiosas Islámicas (FEERI). Existe también una Federación de Comunidades Budistas (FCBE).

4.2. RECONOCIMIENTO Y PERSONALIDAD JURÍDICA DE LAS CONFESIONES RELIGIOSAS. EL REGISTRO DE ENTIDADES RELIGIOSAS

Para actuar en la vida jurídica civil, las confesiones religiosas han de obtener el reconocimiento del Estado, mediante la atribución de personalidad jurídica civil. La forma actual de personificación de las confesiones religiosas es la inscripción en el Registro de Entidades Religiosas (RER). No obstante, han existido otras formas de personificación histórica o transitoria, que son: a) por ministerio de la propia ley y sin necesidad de inscripción, la Iglesia católica goza de personalidad jurídica (artículo 16.3 de la Constitución); b) mediante notificación al Ministerio de Justicia, y sin necesidad de inscripción, gozan de personalidad jurídica las entidades orgánicas de la Iglesia católica, como por ejemplo una diócesis o las parroquias (artículo 1.2 del Acuerdo sobre Asuntos Jurídicos entre el Estado y la Iglesia católica); c) por aplicación del derecho transitorio son reconocidas las entidades que ya gozaban de personalidad jurídica a la entrada en vigor de la LOLR (Disposición transitoria 1.ª).

Es importante tener presente que, como señala López Alarcón (2012: 196):

> El reconocimiento va íntimamente ligado a la adquisición de la personalidad jurídica civil hasta el extremo de que, siendo distintos, se confunden los dos momentos (…). El reconocimiento civil, personificador de la entidad religiosa no la crea en el orden confesional, en el que ya tenía existencia; pero sí le da vida como tal persona en el ordenamiento del Estado como persona jurídica civil, es decir, el reconocimiento tiene naturaleza constitutiva en el orden civil.

Es el artículo 5.1 de la LOLR el que prevé la forma exclusiva de adquisición de personalidad jurídica de las confesiones religiosas, o lo que podemos señalar como régimen general de personificación, al señalar que: «Las Iglesias, Confesiones y Comunidades religiosas y sus Federaciones gozarán de personalidad jurídica una vez inscritas en el correspondiente Registro público, que se crea, a tal efecto, en el Ministerio de Justicia».

En este sentido, hemos de recordar que el Tribunal Constitucional[72] ha señalado que:

> La inscripción de una entidad religiosa en el Registro implica, ante todo, el reconocimiento de su personalidad jurídica como tal grupo religioso, es decir, la identificación y admisión en el Ordenamiento jurídico de una agrupación de personas que pretende ejercitar, con inmunidad de coacción, su derecho fundamental al ejercicio colectivo de la libertad religiosa, tal como establece el art. 5.1 L.O.L.R. Pero al propio tiempo, el reconocimiento de esta específica o singular personificación jurídica confiere a la entidad un determinado status, que ante todo se manifiesta en la plena autonomía que le atribuye el art. 6.1 de la mencionada Ley.

Aunque el citado artículo 5.1 de la LOLR solo contempla la inscripción en el RER de iglesias, confesiones y comunidades religiosas, así como de sus federaciones, veremos que la posibilidad de inscripción se amplía a más entidades. Es importante recordar que la inscripción en el RER es potestativa, es decir, no es obligatoria para disfrutar del derecho de libertad religiosa; pero, si se quiere adquirir personalidad jurídica civil y gozar del derecho especial del que son titulares las confesiones religiosas, se deben inscribir en él.

El RER está regulado por el Real Decreto 594/2015, de 3 de julio, por el que se regula el Registro de Entidades Religiosas y se configura como un instrumento jurídico cualificado al servicio del ejercicio colectivo del derecho fundamental de libertad religiosa. Su antecedente

---

72 Sentencia 46/2001, de 15 de septiembre, FJ7.

inmediato es el Real Decreto 142/1981, de 9 de enero, sobre Organización y Funcionamiento del Registro de Entidades Religiosas, norma completada por otras como el Real Decreto 589/1984, de 8 de febrero, sobre Fundaciones religiosas de la Iglesia Católica y la Orden, de 11 de mayo de 1984, sobre Publicidad del Registro de Entidades Religiosas.

La norma se divide en cuatro títulos. El Título I se dedica a las entidades y actos inscribibles; el Título II, a los procedimientos de inscripción que se tramitan en el Registro de Entidades Religiosas; el Título III se refiere a la estructura y funcionamiento del Registro; y el Título IV regula la publicidad del Registro. Cuenta, además, con cinco disposiciones adicionales, dos transitorias, una derogatoria y cinco finales.

El artículo 2 determina las entidades inscribibles, que son las iglesias, confesiones y comunidades religiosas, así como sus federaciones. E, igualmente, un conjunto de tipos de entidades religiosas, siempre que hayan sido erigidas, creadas o instituidas por una iglesia, confesión o comunidad religiosa o federaciones inscritas en el Registro. Por su parte, el artículo 3 determina los actos de estas confesiones que tendrán acceso al RER, y que son:

- La fundación o establecimiento en España de la entidad religiosa.
- Las modificaciones estatutarias.
- La identidad de los titulares del órgano de representación de la entidad.
- La incorporación y separación de las entidades a una federación.
- La disolución de la entidad.
- Los lugares de culto.
- Los ministros de culto.
- Cualesquiera otros actos que sean susceptibles de inscripción o anotación conforme a los acuerdos entre el Estado español y las confesiones religiosas.

El Real Decreto determina los efectos de la inscripción al señalar (artículo 4) que las entidades inscribibles gozarán de personalidad jurídica una vez inscritas en el RER, y determina aquellas entidades a las que únicamente podrá denegarse la inscripción, sobre la premisa del incumplimiento de los requisitos establecidos en la Ley Orgánica 7/1980, de 5 de julio, de Libertad Religiosa, en referencia a su artículo 3.2, cuando señala que:

> Quedan fuera del ámbito de protección de la presente Ley las actividades, finalidades y Entidades relacionadas con el estudio y experimentación de los fenómenos psíquicos o parapsicológicos o la difusión de valores humanísticos o espiritualistas u otros fines análogos ajenos a los religiosos.

La inscripción de iglesias, confesiones y comunidades religiosas (artículo 6), se iniciará por sus representantes legales o personas debidamente autorizadas mediante solicitud que deberá acompañarse de documento elevado a escritura pública en el que consten los siguientes datos:

- Denominación, que no podrá incluir términos que induzcan a confusión sobre su naturaleza religiosa.
- Domicilio.
- Ámbito territorial de actuación.
- Expresión de sus fines religiosos y de cuantos datos se consideren necesarios para acreditar su naturaleza religiosa. A estos efectos pueden considerarse como tales sus bases doctrinales, la ausencia de ánimo de lucro y sus actividades religiosas específicas representadas por el ejercicio y fomento del culto, el mantenimiento de lugares y objetos de culto, la predicación, la intervención social, la difusión de información religiosa, la formación y enseñanza religiosa y moral, la asistencia religiosa, la formación y sustento de ministros de culto, y otros análogos.
- Régimen de funcionamiento, órganos representativos y de gobierno, con expresión de sus facultades y de los requisitos para su válida designación.
- Relación nominal de los representantes legales.

Los artículos 7, 8 y 9 regulan los requisitos para la inscripción de entidades creadas por una iglesia, confesión o comunidad religiosa ya inscrita, la de federaciones y las entidades de origen extranjero. Igualmente, se regulan cuestiones como la inscripción de la modificación de los estatutos, la anotación y cancelación de la adhesión de entidades religiosas a una federación, así como cuestiones tan relevantes como la anotación de lugares de culto y de la condición de ministro de culto.

4.2.1. Funciones del RER y efectos de la inscripción

Para analizar las funciones que debe desarrollar el RER y los efectos de la inscripción, acudimos a la doctrina del Tribunal Constitucional contenida especialmente en su sentencia 46/2001, de 15 de septiembre. La sentencia contiene una doctrina esencial no solo sobre el contenido del derecho de libertad religiosa o del orden público como límite al derecho de libertad religiosa, sino también sobre los efectos jurídicos de la inscripción en el RER y los límites de su actuación.

Se ha de partir del principio sostenido por el Tribunal por el que la inscripción en el RER:

> es la formal expresión de un reconocimiento jurídico dispensado a los grupos o comunidades religiosas, orientado a facilitar el ejercicio colectivo de su derecho a la libertad religiosa, en tanto que instrumento ordenado a «remover los obstáculos», y a «promover las condiciones para que la libertad y la igualdad del individuo y de los grupos en que se integra sean reales y efectivos» ex art. 9.2 C.E.

Y, siendo ello así, para esta doctrina constitucional:

> la indebida denegación por la Administración responsable del Registro de la inscripción solicitada, viene a constituirse en un injustificado obstáculo que menoscaba el ejercicio, en plenitud, del derecho fundamental de libertad religiosa del que son titulares los sujetos colectivos, y correlativamente, establece una indeseada situación de agravio comparativo entre aquellos grupos o comunidades religiosas que, por acceder al Registro, cuentan con el reconocimiento jurídico y los efectos protectores que confiere la inscripción, y aquellos otros que, al negárseles ésta indebidamente, se ven privados de los mismos, ya sea en orden a que se les reconozca formalmente una organización y régimen normativo propios, ya en lo concerniente a las manifestaciones externas en que se proyectan sus convicciones o creencias religiosas[73].

En cuanto a la función que debe desarrollar el RER, partiendo de su configuración como registro público de carácter especial, se ha de comenzar con la idea de que, como dice el Tribunal Constitucional, se inserta en un ordenamiento en el que cobran especial vigor los derechos y libertades públicas, y, de modo singular, la libertad más íntima y personal, como la libertad religiosa y de culto, cuya garantía proclama el artículo 16.1 de la Constitución. De este razonamiento constitucional se desprenderá la vulneración de la libertad religiosa si se deniega indebidamente la inscripción de una entidad en el RER. Y, asimismo, dicha denegación deberá circunscribirse a casos excepcionales, dado el vínculo existente entre inscripción y derecho fundamental de libertad religiosa. En consecuencia, esta orientación constitucional del RER, especialmente en cuanto que el hecho de la inscripción queda ligado al propio ejercicio del derecho fundamental de libertad religiosa, lleva a determinar las siguientes condiciones en el ejercicio de su función registral:

1. El Estado no está habilitado para realizar a través del RER una actividad de control de la legitimidad de las creencias religiosas de las entidades o comunidades religiosas, o sobre las distintas modalidades

---

73 Sentencia 46/2001, de 15 de septiembre, FJ9.

de expresión de las mismas. La comprobación de los fines religiosos es el elemento más problemático a los efectos de la actividad de control del RER. Nos encontramos ante un concepto completamente ajeno a los poderes públicos de un Estado aconfesional, ya que los únicos que pueden definir lo que es o no es una religión o los fines de una confesión son los propios titulares del derecho fundamental de libertad religiosa (del que el Estado no es, además, titular).

2. Pero, como señala Ferreiro Galguera (2022: 113), «el Estado en materia religiosa es mudo, pero ni sordo ni ciego, lo que implica que puede detectar los actos ilícitos». Por ello, su función es tan solo la de comprobar, emanando a tal efecto un acto de mera constatación, que no de calificación, que la entidad solicitante no es alguna de las excluidas por el artículo 3.2 de la LOLR y que las actividades o conductas que se desarrollan para su práctica no atentan contra el derecho de los demás al ejercicio de sus libertades y derechos fundamentales, ni son contrarias a la seguridad, salud o moralidad públicas, como elementos en que se concreta el orden público protegido por la ley en una sociedad democrática. Para García Pardo (1999: 66), habida cuenta, además, de que los acuerdos de cooperación se prevén exclusivamente con las iglesias, confesiones y comunidades religiosas, parece que tiene sentido que, de algún modo, el Estado controle que su contraparte posee, efectivamente, el carácter religioso. De este modo, la constatación de que la entidad figura en el RER asegura que se trata de una entidad religiosa.

3. Mediante su actividad de constatación, el RER no se mueve en un ámbito de discrecionalidad con margen de apreciación, sino que su actuación en este extremo no puede sino calificarse como reglada, y deberá sustentarse a partir de la previsión negativa contenida en el artículo 4.2 de la LOLR.

Ya hemos señalado que la inscripción en el RER tiene carácter potestativo y que no es obligatoria. En este orden, a todas las iglesias, confesiones y comunidades religiosas, estén o no inscritas, se les reconocen los derechos contenidos en el artículo 2.2 de la LOLR, relativo a la dimensión colectiva del derecho fundamental de libertad religiosa. Sin embargo, la inscripción conlleva una serie de beneficios que configuran un estatus jurídico superior y que son los siguientes:

1. Adquisición de personalidad jurídica y, por tanto, posibilidad de actuar en el tráfico externo con especificidad religiosa, o lo que es lo mismo: el reconocimiento de su personalidad jurídica como tal grupo

religioso, es decir, la identificación y admisión en el ordenamiento jurídico de una agrupación de personas que pretende ejercitar, con inmunidad de coacción, su derecho fundamental al ejercicio colectivo de la libertad religiosa, tal como establece el artículo 5.1 de la LOLR[74].

2. Plena autonomía, que se concretará en el establecimiento de normas de organización, régimen interno y régimen de su personal. Potestad de autonormación que puede comprender la configuración de instituciones creadas para la realización de sus fines, así como incluir cláusulas de salvaguarda de su identidad religiosa y carácter propio, así como el debido respeto a sus creencias (artículo 6.1 de la LOLR).

3. Crear y fomentar, para la realización de sus fines, asociaciones, fundaciones e instituciones con arreglo a las disposiciones del ordenamiento jurídico general (artículo 6.2 de la LOLR).

4. Posibilidad de firmar acuerdos de cooperación con el Estado, siempre que se obtenga la declaración de notorio arraigo (artículo 7.1 de la LOLR).

5. Posibilidad de ser miembro de la Comisión Asesora de Libertad Religiosa.

6. Posible eficacia civil de las formas religiosas, concretamente, del matrimonio (artículo 59 del Código Civil).

7. Protección penal específica. La perturbación en el ejercicio de su libertad religiosa de las iglesias, confesiones o comunidades religiosas inscritas podrá ser sancionada penalmente.

4.3. EL NOTORIO ARRAIGO

Junto a la inscripción en el RER, el reconocimiento de notorio arraigo constituye un requisito indispensable para suscribir acuerdos de cooperación con el Estado español, tal y como señala el artículo 7.1 de la LOLR, que establece:

> El Estado, teniendo en cuenta las creencias religiosas existentes en la sociedad española, establecerá, en su caso, Acuerdos o Convenios de cooperación con las Iglesias, Confesiones y Comunidades religiosas inscritas en el Registro que por su ámbito y número de creyentes hayan alcanzado notorio arraigo en España. En todo caso, estos Acuerdos se aprobarán por Ley de las Cortes Generales.

---

74 Vid. Sentencia 46/2001, de 15 de septiembre, FJ7.

Con la expresión del notorio arraigo, de lo que se trata es de asegurar que nos encontremos ante una confesión con la relevancia sociológica suficiente por su ámbito y número de creyentes, con las notas de estabilidad y permanencia (Salinas Mengual, 2020: 94), como para que el Estado entienda conveniente acordar con ella el desarrollo del derecho de libertad religiosa en las materias propias de cooperación entre este y las confesiones religiosas. Este arraigo debe asociarse a la presencia activa en la sociedad española y su implantación en el territorio de varias comunidades autónomas y con un número representativo de entidades y lugares de culto inscritos en el RER, así como una estructura interna y representación adecuada a su propia organización.

El procedimiento para la declaración de notorio arraigo que se ha venido aplicando hasta el Real Decreto 593/2015, de 3 de julio, por el que se regula la declaración de notorio arraigo de las confesiones religiosas en España, se articulaba mediante la intervención e informe de la Comisión Asesora de Libertad Religiosa, en virtud de lo dispuesto en el artículo 8 de la LOLR y del artículo 3.e) del Real Decreto 932/2013, de 29 de noviembre, por el que se regula la Comisión Asesora de Libertad Religiosa. Tras la declaración de notorio arraigo en España del protestantismo (1984), el judaísmo (1984) y de la religión islámica (1989), se ha declarado el notorio arraigo en España de la Iglesia de Jesucristo de los Santos de los Últimos Días (2003), de la Iglesia de los Testigos de Jehová (2006), del budismo (2007), la Iglesia ortodoxa (2010) y la Comunidad Bahá'í en España (2023).

El Real Decreto 593/2015, de 3 de julio, viene así a establecer unos requisitos precisos para obtener la declaración de notorio arraigo en España y un procedimiento público con todas las garantías, con lo que se reduce el margen de la discrecionalidad de la Administración y se aumenta el grado de certidumbre de los solicitantes. El procedimiento de declaración resultará de aplicación a las iglesias, confesiones y comunidades religiosas, así como a las federaciones de las mismas, inscritas en el Registro de Entidades Religiosas del Ministerio de Justicia (artículo 2).

Para la declaración de notorio arraigo las confesiones deberán reunir los requisitos siguientes (artículo 3):

- Llevar inscritas en el RER treinta años, salvo que la entidad acredite un reconocimiento en el extranjero de, al menos, sesenta años de antigüedad y lleve inscrita en el citado registro durante un periodo de quince años.

- Acreditar su presencia en, al menos, diez comunidades autónomas y/o ciudades de Ceuta y Melilla.
- Tener 100 inscripciones o anotaciones en el Registro de Entidades Religiosas, entre entes inscribibles y lugares de culto, o un número inferior cuando se trate de entidades o lugares de culto de especial relevancia por su actividad y número de miembros.
- Contar con una estructura y representación adecuadas y suficientes para su organización a los efectos de la declaración de notorio arraigo.
- Acreditar su presencia y participación activa en la sociedad española.

Respecto del procedimiento de declaración de notorio arraigo, se iniciará mediante solicitud de la entidad interesada, en la que deberán constar los siguientes datos (artículo 4):

- Identificación de la entidad solicitante con indicación de su número de inscripción en el Registro de Entidades Religiosas.
- Identificación de los representantes legales de la entidad.
- Memoria explicativa que acredite el cumplimiento de los requisitos mencionados en el artículo anterior.
- Domicilio a efectos de notificaciones.

El órgano competente para resolver el procedimiento es el Ministerio de Justicia, mediante orden ministerial (artículo 5). En esta se expresará si se acuerda conforme con el informe de la Comisión Asesora de Libertad Religiosa o si se aparta de él. La resolución en la que se declare el notorio arraigo de la confesión religiosa en España se publicará en el *Boletín Oficial del Estado*. Respecto al alcance de la declaración de notorio arraigo instado por federaciones (artículo 6), el notorio arraigo será reconocido a favor de la religión o creencia religiosa, pero los efectos derivados de la declaración serán atribuidos a aquellas entidades que formen parte de la federación como garante de la continuidad del cumplimiento de los requisitos exigidos para su declaración.

4.4. LA AUTONOMÍA DE LAS CONFESIONES RELIGIOSAS

Uno de los efectos más significativos que conlleva la inscripción de una confesión religiosa en el RER es el reconocimiento que nuestro ordenamiento jurídico hace de su plena autonomía. Se trata de una autonomía específica de las confesiones religiosas y de la que no disponen otro tipo de entidades, como las asociaciones o las fundaciones civiles, por ejemplo. Como señala Mantecón Sancho (2023: 61):

> esta plena autonomía institucional va más allá que la mera autonomía estatutaria concedida por el Estado a otras organizaciones sociales (asociaciones, fundaciones, sindicatos, partidos políticos, etc.) a las que puede imponer algunos requisitos organizativos, como por ejemplo, que se organicen democráticamente.

Este reconocimiento se recoge en el artículo 6 de la LOLR, cuando señala que:

> Las Iglesias, Confesiones y Comunidades religiosas inscritas tendrán plena autonomía y podrán establecer sus propias normas de organización, régimen interno y régimen de su personal. En dichas normas, así como en las que regulen las instituciones creadas por aquéllas para la realización de sus fines, podrán incluir cláusulas de salvaguarda de su identidad religiosa y carácter propio, así como del debido respeto a sus creencias, sin perjuicio del respeto de los derechos y libertades reconocidos por la Constitución, y en especial de los de libertad, igualdad y no discriminación.

La autonomía de las confesiones religiosas se reconoce igualmente en el ámbito de la normativa internacional. Así, el artículo 6 de la Declaración sobre la eliminación de todas las formas de intolerancia fundadas en la religión o en las convicciones, de 1981, determina algunos de los elementos que configuran esta autonomía, como son los de fundar y mantener instituciones de beneficencia y humanitarias, o capacitar, nombrar, elegir y designar por sucesión a los dirigentes según sus necesidades y normas propias. En conexión con este artículo, el artículo 2.2 de la propia LOLR también indica algunos de los elementos que configuran esta autonomía confesional, al señalar, por ejemplo, el derecho de las confesiones religiosas «a establecer lugares de culto o de reunión con fines religiosos, a designar y formar a sus ministros, a divulgar y propagar su propio credo, y a mantener relaciones con sus propias organizaciones o con otras confesiones religiosas, sea en territorio nacional o en el extranjero».

Esta autonomía que la norma define como «plena» trae su fundamento del artículo 16.1 de la Constitución. Así, podemos decir que la autonomía de las confesiones religiosas deriva, por una parte, de la libertad religiosa (el derecho de autonomía de las confesiones religiosas no se circunscribe a su ámbito interno, sino que también está involucrado en aquellas situaciones en las que las iglesias pretenden desarrollar su actividad externamente) y, por otra, del propio principio de aconfesionalidad o de neutralidad de los poderes públicos, ya que no podemos olvidar que:

> el derecho de autonomía de las confesiones religiosas no se circunscribe a su ámbito interno, sino que también está involucrado en aquellas situaciones en las que las iglesias pretenden desarrollar su actividad externamente; y que el principio de neutralidad incorpora no sólo una prohibición de valoración de creencias, sino una segunda prohibición de arbitrariedad en la gestión estatal del fenómeno religioso (Valero Estarellas, 2019: 1).

Esta vinculación con la neutralidad de los poderes públicos demanda, entonces, el reconocimiento de un ámbito de libertad de las confesiones religiosas inmune a la coacción o injerencias de los poderes públicos, especialmente en sus aspectos doctrinales y organizativos, siempre con el límite del orden público y del respeto al ejercicio de los derechos y libertades fundamentales de los demás (Cañamares Arribas, 2018: 129).

Como señala De Diego Lora (1983: 299), refiriéndose al artículo 6 de la LOLR: «la garantía que esta norma ofrece a las comunidades, sin más limitación, en sus manifestaciones, que las necesarias para el mantenimiento del orden público, ilustra el poder jurídico con que esas comunidades pueden regular su propia vida y actividad». Supone, en consecuencia, el reconocimiento por el ordenamiento jurídico de una facultad de autonormación por parte de las confesiones religiosas siempre con el límite del orden público y del respeto al ejercicio de los derechos y libertades fundamentales de los demás, que se configura como una potestad para dictar sus propias normas de organización, de régimen interno y de su personal (Castro Jover, 2019: 265). Esta capacidad supone, como señala López Alarcón (2012: 192), el reconocimiento por parte del Estado de la naturaleza de las confesiones religiosas como ordenamientos jurídicos primarios con poder normativo y de organización propio y no derivado del Estado.

En términos del artículo 6.1 de la LOLR, el contenido de esta autonomía supone la potestad de las confesiones de dictar sus propias normas de organización, de régimen interno y de su personal, así como el establecimiento de cláusulas de salvaguarda de su identidad religiosa y carácter propio, además del debido respeto a sus creencias:

a. Normas de organización. En uso de su autonomía plena y derivado del principio de neutralidad, las confesiones religiosas gozan de la capacidad de autoorganizarse libremente, sin ningún tipo de injerencia por parte de los poderes públicos. Nuestro ordenamiento jurídico no puede imponer ningún modelo de organización a las confesiones religiosas, ni tan siquiera que tengan una estructura y organización democráticas, como sí ocurre con las asociaciones, de forma que pueden ser, por ejemplo, jerárquicas, sinodales, asamblearias, democráticas, etc.

b. Normas de régimen interno. La autonomía confesional conlleva, igualmente, la potestad de dictar sus propias normas de ámbito interno que determinen su régimen interno de funcionamiento, así como cuestiones dogmáticas, doctrinales o morales. Del mismo modo, este ámbito de autonomía conlleva que no caben injerencias por parte de los poderes públicos en materias como la admisión y expulsión de sus miembros. En este sentido, el Tribunal Europeo de Derechos Humanos viene afirmando la incompetencia del Estado para obligar a una confesión a admitir nuevos miembros o excluir a los existentes, por ejemplo, en la sentencia dictada en el asunto Sviato-Mykhailivska Parafiya contra Ucrania, de 14 de junio de 2007. Igualmente prohíbe a los Estados inmiscuirse en el nombramiento de los líderes religiosos (Asunto Serif contra Grecia, de 14 de diciembre de 1999) y declara el deber de las autoridades nacionales de aceptar el derecho de las confesiones a reaccionar, en su ámbito interno, conforme a sus propias normas e intereses (Asunto Sindicatul «Pastorul Cel Bun» contra Rumania, de 9 de julio de 2013).

c. Normas de régimen de personal. El reconocimiento de la plena autonomía implica también la potestad de las confesiones para fijar el régimen al que queda sujeto su personal propio, de forma que quedan excluidas, por tanto, de la legislación laboral, especialmente en lo que se refiere a los ministros de culto. Se trata de una facultad por la que las confesiones tienen absoluta libertad para determinar sin injerencias cuáles son los requisitos para la designación, formación y cese de sus ministros de culto y el tipo de vinculación con la propia confesión (Motilla de la Calle, 2021: 11). Es lo que se denomina excepción ministerial (Cañamares Arribas, 2018: 161). El conflicto es de naturaleza distinta cuando el ejercicio de la autonomía de la confesión religiosa se proyecta sobre las relaciones laborales de terceros, exigiéndose un deber acrecentado de lealtad a sus trabajadores. Surge entonces una confrontación entre el derecho de la confesión religiosa a su propia identidad con los derechos de los trabajadores a no ser discriminados en el ejercicio de sus derechos y libertades fundamentales. En este punto la ponderación de la cuestión estribará, como ha puesto de manifiesto la jurisprudencia del Tribunal Europeo de Derechos Humanos (por ejemplo, en sus sentencias de los asuntos Obst y Schüth contra Alemania, de 23 de septiembre de 2010), en determinar si los trabajadores realizan funciones en su puesto de trabajo estrechamente relacionadas o no con los principios y fines religiosos de la organización.

d. Cláusulas de salvaguarda de su identidad religiosa y carácter propio, así como del debido respeto a sus creencias. Sustancialmente, esta facultad conlleva la salvaguarda del carácter propio de la confesión religiosa, es decir, «de la originalidad de sus contenidos confesionales y la singularidad disciplinar propia, tanto orgánica como funcional» (López Alarcón, 2012: 195). Esta salvaguarda se hace especialmente necesaria en aquellas entidades, confesionales o no, que entran dentro de la categorización de empresas o entidades de tendencia (Otaduy Guerin, 1987: 687) y cuya actividad, en nuestro caso, se orienta especialmente al cumplimiento de los fines religiosos propios de esa entidad, como así ocurre, por ejemplo, en el ámbito de la enseñanza por parte de entidades confesionales. Respecto de la Iglesia católica es especialmente significativo, por explícito en esta materia, el Real Decreto 589/1984, de 8 de febrero, sobre fundaciones religiosas de la Iglesia católica, que en su artículo 2 establece como garantía de su identidad que: «En el régimen de estas fundaciones quedará siempre a salvo su identidad religiosa, dentro del respeto a los principios constitucionales».

Es en el ámbito laboral donde suele surgir la mayor parte de los conflictos, al entrar en ocasiones en colisión el deber acrecentado de lealtad con el carácter propio exigido a los empleados de estas entidades con el ejercicio de sus derechos fundamentales. De ahí que las confesiones religiosas se incluyan en las denominadas entidades, organizaciones o empresas de tendencia, como pueden ser un partido político o una organización sindical. Se trata de entidades cuya doctrina o ética está fundada sobre una convicción concreta, sea ideológica o religiosa. Como señala Moreno Botella (2020: 743):

La singularidad de estos casos, o si se quiere, su especialidad, radica en el hecho de que en las llamadas organizaciones de tendencia o ideológicas lo definitorio es el elemento ideológico o la transmisión de una determinada concepción religiosa o visión del mundo y la vida. En este sentido, los trabajadores de ellas dependientes pueden en ocasiones verter opiniones o llevar a cabo actividades o un estilo de vida que contrastan con la ideología o mensaje que la organización quiere difundir y para cuyo fin fue creada.

Es aquí donde pueden surgir los conflictos, ya que en una entidad de tendencia los trabajadores están en principio sometidos a una subordinación confesional o ideológica que los obliga a respetar la identidad y la credibilidad de la empresa en sus actuaciones, incluso más allá de su puesto de trabajo, hasta alcanzar la vida íntima o personal. En suma, les incumbe lo que se denomina obligación acrecentada de lealtad, que justifica algunas particularidades que conciernen sobre todo a la contratación y a un eventual despido en caso de confrontación con la identidad de la organización. Es aquí donde entra en juego el principio de no discriminación por motivo de religión como factor desencadenante de los eventuales conflictos entre los trabajadores y sus empleadoras, las confesiones religiosas.

Estas cuestiones han encontrado eco en el ámbito de la Unión Europea, y especialmente nos referimos a la Directiva 2000/78/CE, del Consejo, de 27 de noviembre, relativa al establecimiento de un marco general para la igualdad de trato en el empleo y la ocupación, que establece en su artículo 1 como principio general la prohibición de discriminación por motivos religiosos o de convicción, entre otros, tanto en el ámbito público como en el privado (artículo 3). Sin embargo, en este ámbito, lo más trascendental de esta Directiva es que a la regla general de prohibición de toda discriminación contrapone una excepción en su artículo 4 por la que se permite establecer diferenciaciones basadas en la ideología o creencias del trabajador.

En efecto, en el párrafo 1.º del artículo 4 se dispone que:

> los Estados miembros podrán disponer que una diferencia de trato basada en una característica relacionada con cualquiera de los motivos mencionados en el art.1, no tendrá carácter discriminatorio cuando debido a la naturaleza de la actividad profesional concreta de que se trate o al contexto en que se lleve a cabo, dicha característica constituya un requisito profesional esencial y determinante, y siempre y cuando el objetivo sea legítimo y el requisito proporcionado.

Y el párrafo 2.º, concretamente, se refiere a las organizaciones ideológicas, señalando expresamente a las iglesias al disponer que:

Los Estados miembros podrán mantener en su legislación nacional vigente el día de adopción de la presente Directiva (…), disposiciones en virtud de las cuales en el caso de las actividades profesionales de iglesias y de otras organizaciones públicas o privadas cuya ética se base en la religión o las convicciones de una persona, por lo que respecta a las actividades profesionales de estas organizaciones, no constituya discriminación una diferencia de trato basada en la religión o las convicciones de una persona cuando, por la naturaleza de estas actividades o el contexto en el que se desarrollen, dicha característica constituya un requisito profesional esencial, legítimo y justificado respecto de la ética de la organización.

La ética de la organización o sus fines religiosos hace posible así para la confesión religiosa «la derogación de ciertas normas, y consiente autorizar una vasta gama de comportamientos éticos» (Schouppe, 2019: 141). En consecuencia, el deber de lealtad y buena fe exigido en estas entidades para este tipo de actividades de contenido ideológico se traduce en una exigencia de adhesión ideológica del trabajador ya en el momento de la contratación o en un hipotético despido, si, en un momento determinado, el trabajador se aparta de la línea ideológica de la entidad. De ahí que, siguiendo la doctrina del TEDH, la naturaleza de los puestos de trabajo en las confesiones religiosas deberá ser evaluada con el fin de determinar si las limitaciones de comportamiento impuestas al trabajador son necesarias para el cumplimiento de los fines religiosos. En este orden, adquiere especial relevancia la noción de proximidad de las funciones desempeñadas en relación con los fines religiosos, que, como veremos, adquiere una importancia creciente en los pronunciamientos del TJUE.

Así pues, a mayor proximidad de las funciones del puesto de trabajo con el cumplimiento de los fines religioso de la entidad, mayor nivel de exigencia de lealtad con la identidad religiosa. De tal manera que los deberes de lealtad con los fines religiosos podrán ir más allá de las propias convicciones llegando hasta el comportamiento exigible a los trabajadores. Se trata de un deber de lealtad acrecentado en relación con los dogmas y preceptos de la religión en el cumplimiento de las tareas confiadas, que exige de los trabajadores, incluso en su vida privada, una alineación completa. Este deber puede conllevar la exigencia de un estilo de vida compatible con la orientación religiosa de la entidad. El ejemplo más paradigmático lo encontramos con el caso de los profesores de enseñanza religiosa escolar católica: si se apartan de la concepción moral y religiosa de la Iglesia católica, esta podría cesarlos y no renovar el certificado de idoneidad eclesiástica por falta de testimonio cristiano, entrando de lleno en el supuesto contemplado por el artículo 4 de la citada Directiva.

El artículo 4.2 de la Directiva ha sido objeto de diversos pronunciamientos del TJUE que llevan a cabo una ponderación de la libertad de empresa como derecho fundamental reconocido en el artículo 16 de la Carta de los derechos fundamentales de la Unión Europea y el derecho a la igualdad del artículo 20 y el principio de no discriminación por razón de religión proclamado en el artículo 21 de la citada Carta. Todo ello, junto al reconocimiento del derecho a la libertad religiosa en su artículo 10. De entre los pronunciamientos destacan dos sentencias: la sentencia Vera Egenberger contra Evangelisches Werk für Diakonie und Entwicklung e V., de 17 de abril de 2018 (C-414/16) y la sentencia IR contra JQ de 11 de septiembre de 2018 (C-68/17).

La primera de ellas se refiere a una empresa evangélica que exigía la pertenencia a dicha iglesia como condición de contratación para un puesto de investigación en materia de no discriminación racial. Un empleado reivindica el derecho de no ser apartado de una oferta de empleo por su no pertenencia a la Iglesia evangélica. La segunda concierne a un médico católico de un hospital católico privado alemán que se opone al despido que ha tenido lugar después de su divorcio y de su nuevo matrimonio. El médico católico pretende no estar sometido a un deber de fidelidad matrimonial al que, según él, no estaría obligado en el caso de ser un médico no católico.

Sustancialmente, en ellas el TJUE viene a establecer que, a la hora de la exigencia acrecentada de lealtad a los empleados en relación con el carácter propio o *ethos* de la organización o empresa de tendencia, o, en nuestro caso, de una confesión religiosa, debe existir una relación directa entre la exigencia profesional impuesta por el empleador y la actividad en cuestión. Dicho vínculo puede derivarse de la naturaleza de la actividad o bien de las condiciones en las que la citada actividad se ejerce. Cuando una confesión religiosa u otra organización cuya ética se base en la religión o en las convicciones alegue, en apoyo de una decisión (un despido, por ejemplo) o de un acto como el rechazo de una candidatura a un empleo en su ámbito, que, por la naturaleza de las actividades de que se trate o por el contexto en que hayan de desarrollarse, la religión es un requisito profesional esencial, legítimo y justificado respecto de la ética de dicha iglesia u organización, es necesario que esa alegación, llegado el caso, pueda ser objeto de un control judicial efectivo destinado a garantizar que, en ese caso concreto, se cumplen los criterios mencionados en la Directiva 2000/78/CE.

Ese vínculo que se alega por parte de la confesión religiosa para actuar en un sentido laboral concreto (y que puede ser analizado por las jurisdicciones nacionales en cada caso) deberá tratarse entonces de un elemento que cumpla tres requisitos: esencial, legítimo y justificado:

a. Esencial significa que la pertenencia a la religión o la adhesión a las convicciones en que se basa la ética de la iglesia o de la organización debe resultar necesaria debido a la importancia de la actividad profesional en cuestión para la afirmación de esa ética o el ejercicio de su derecho a la autonomía por parte de esa iglesia.

b. El adjetivo legítimo intenta evitar que la exigencia de la pertenencia a la religión o de la adhesión a las convicciones de la religión o de la organización sirva para promover un objetivo ajeno a dicha ética o al ejercicio de su derecho a la autonomía.

c. El carácter justificado de la exigencia implica que pesa sobre la iglesia o sobre la organización que ha emitido dicha exigencia la carga de demostrar que el riesgo alegado (de ataque a su ética o a su derecho a la autonomía) es probable y grave, de tal modo que el establecimiento de ese requisito resulte verdaderamente necesario, probable y serio, de suerte que la instauración de una exigencia tal se muestre efectivamente necesaria.

5

LA LIBERTAD DE ENSEÑANZA, PROYECCIÓN DE LA LIBERTAD RELIGIOSA

La libertad de enseñanza aparece reconocida expresamente en el artículo 27.1 de la Constitución al proclamar que: «Todos tienen el derecho a la educación. Se reconoce la libertad de enseñanza». Este reconocimiento ha de ponerse en conexión con el artículo 1.1 de la propia Constitución, que proclama como valores superiores del ordenamiento jurídico la libertad, la justicia, la igualdad y el pluralismo político. Y ello porque resulta imprescindible reconocer la influencia que el valor superior del pluralismo ha tenido en la configuración de los derechos fundamentales. Y esa estrecha conexión, en el caso del derecho a la educación, lleva a concluir la necesidad de la existencia de un pluralismo educativo como presupuesto imprescindible para una sociedad democrática y que impide la existencia de cualquier tipo de monopolio en el sistema educativo, sea de signo confesional o estatal.

Como señala De los Mozos Touya (1995: 61) «la naturaleza humana, como fundamento último del derecho a la educación, no permite separar la educación de la enseñanza», entendida aquella como formación integral de la persona y esta como mera instrucción. Y ello, aunque los procesos educativos y los currícula conlleven o pretendan una mera instrucción o transmisión de conocimientos al servicio de una pretendida educación moralmente neutra. De ahí que podamos advertir cómo el derecho a la educación, en cuanto que conlleva una transmisión concreta de valores en la formación de la personalidad de los alumnos, deviene necesariamente en un derecho que ha de serlo en libertad, por lo que, más allá de su carácter prestacional, «reclama que el derecho a la educación, como derecho a aprender, vaya inseparablemente unido al derecho a elegir maestro» (De los Mozos Touya, 1995: 47). Y este carácter de derecho a la educación en libertad viene reconocido por el propio Tribunal Constitucional, que ya en sentencia 86/1985, de 10 de julio, fundamento jurídico 3.º, señalaba: «El derecho de todos a la educación (…) incorpora así, sin duda, junto a su contenido primario de derecho de libertad, una dimensión prestacional, en cuya virtud los poderes públicos habrán de procurar la efectividad del tal derecho y hacerlo (…)».

De esta forma, tal y como ha señalado Sánchez Cámara (2003), la proyección del valor del pluralismo en el ámbito de la educación implica la asunción constitucional de un modelo de escuela plural que garantice el derecho de los padres a elegir el tipo de educación que quieren para sus hijos. Por eso puede afirmarse que la proclamación de la libertad de enseñanza constituye la garantía constitucional del pluralismo educativo en nuestro ordenamiento jurídico que veda cualquier intento de monopolización de la educación por parte del Estado.

Aunque no hay un concepto único en la doctrina acerca de lo que debe entenderse por libertad de enseñanza, desde el horizonte del pluralismo podemos definirla como «una libertad pública específica que tiene un sentido instrumental al servicio de la educación en libertad» (De los Mozos Touya, 1995: 244). Igualmente, como señala Fernández Miranda (1981: 166), «el reconocimiento de la libertad de enseñanza implica la doble dimensión de libertad en la acción educativa y libertad en la recepción dando lugar al derecho a la educación, no en su sentido de derecho social de prestación, sino en el de libertad en el acceso a la educación».

En cuanto al contenido de la libertad de enseñanza, el propio Tribunal Constitucional lo delimitó en su sentencia 5/1981, de 13 de febrero, fundamento jurídico 7.º, en la medida en que la libertad contenida en el artículo 27.1 se despliega en varios de los derechos de los demás apartados de ese artículo (González-Varas Ibáñez, 2015: 59). De este modo, puede señalarse que la libertad de enseñanza comprende los siguientes derechos o facultades:

a. El derecho a crear instituciones educativas (artículo 27.6 de la Constitución) y a dotarlas de ideario o carácter propios.

b. El derecho de quienes llevan a cabo personalmente la función de enseñar a desarrollarla con libertad dentro de los límites propios del puesto docente que ocupan (artículo 20.1 de la Constitución). Es decir, la libertad de cátedra.

c. El derecho de los padres a elegir la formación religiosa y moral que desean para sus hijos (artículo 27.3 de la Constitución) y, por lo tanto, el derecho a la elección de centro docente.

En idénticos términos se expresa la propia Ley Orgánica 8/1985, reguladora del Derecho a la Educación (LODE), cuya Exposición de motivos indica:

> La libertad de enseñanza, que ha de entenderse en un sentido amplio y no restrictivo, como el concepto que abarca todo el conjunto de libertades y derechos en el terreno de la educación. Incluye, sin duda, la libertad de crear centros docentes y de dotarlos de un carácter o proyecto educativo propio, que se halla recogida y amparada en el Capítulo III del Título I. Incluye, asimismo, la capacidad de los padres de poder elegir para sus hijos centros docentes distintos de los creados por los poderes públicos, así como la formación religiosa y moral que esté de acuerdo con sus convicciones, tal como se recoge en el artículo 4.º Pero la libertad de enseñanza se extiende

también a los propios profesores, cuya libertad de cátedra está amparada por la Constitución por cuanto constituye principio básico de toda sociedad democrática en el campo de la educación. Y abarca, muy fundamentalmente, a los propios alumnos, respecto de los cuales la protección de la libertad de conciencia constituye un principio irrenunciable que no puede supeditarse a ningún otro.

En síntesis, en lo que respecta al contenido de la libertad de enseñanza, podemos decir que la doctrina del Tribunal Constitucional puede resumirse en que:

1. La libertad de enseñanza es una proyección de la libertad ideológica y religiosa y del derecho a difundir libremente pensamientos e ideas.

2. Del principio de libertad de enseñanza deriva el derecho de los padres a elegir la formación religiosa y moral que desean para sus hijos, así como el derecho a la creación de centros docentes.

3. Este último comprende el derecho a establecer un ideario educativo propio, que no está limitado a los aspectos religiosos y morales de la actividad educativa (Ferrer Ortiz, 2006: 4).

Una vez vista la estrecha vinculación entre la libertad de enseñanza y el pluralismo educativo, se entiende mejor la estrecha relación que existe entre esta libertad y la libertad religiosa. Y ello en la medida en que la elección del tipo de educación estará estrechamente ligada con el ejercicio del derecho de libertad religiosa en orden a la educación de los hijos de conformidad con las propias convicciones, algo que solo será posible en el ámbito de un sistema de pluralidad de escuelas que permita la conexión del derecho a crear instituciones educativas (artículo 27.6 de la Constitución), dotadas de ideario o carácter propio, con el derecho de los padres a elegir la formación religiosa y moral que desean para sus hijos (artículo 27.3 de la Constitución) y que puede encarnarse en ese ideario o carácter propio.

La educación está al servicio del pleno desarrollo de la personalidad, tal y como se señala en el artículo 27.2 de la Constitución: «La educación tendrá por objeto el pleno desarrollo de la personalidad humana en el respeto a los principios democráticos de convivencia y a los derechos y libertades fundamentales». En este sentido, no puede afirmarse la existencia de una educación moralmente neutra, pues ofrece, de un modo u otro, reglas de conducta con las que conducir la propia vida y desarrollar la personalidad, de acuerdo, siempre, con una concreta cosmovisión o concepción del mundo, del hombre y de la historia; en definitiva, con una jerarquía de valores. En consecuencia, todo proceso educativo implica transmisión de valores y reglas de comportamiento que pueden encontrar, de un modo u otro, acomodo en una concreta moral o ética religiosa.

Si la educación supone entonces formar la personalidad de los alumnos conforme con un conjunto de valores determinados, que pueden encontrar su fundamento en un orden moral religioso concreto, hemos de deducir necesariamente que tiene una clara y neta vertiente religiosa. Así ha venido a reconocerlo el propio Tribunal Supremo, en sentencia de 23 de marzo de 2004, fundamento jurídico 2.º, cuando afirma que:

> Especialmente sensible al tema de la libertad religiosa es la educación, pues en la fase de formación de la personalidad de los jóvenes, la enseñanza influye decisivamente en su futuro comportamiento respecto de creencias e inclinaciones, condicionando sus conductas dentro de una sociedad.

De ahí que el propio Tribunal Constitucional, en su sentencia 5/1981, de 13 de febrero, haya señalado que la libertad de enseñanza puede ser considerada como una proyección de la libertad ideológica y religiosa. En consecuencia, la libertad de enseñanza, reconocida en el artículo 27.1 de la Constitución, guarda una estrecha conexión con la libertad religiosa reconocida a su vez en su artículo 16 en la medida en que una de las manifestaciones externas más propia de la libertad de religión está constituida por la enseñanza. En este sentido, el Tribunal señala, en el fundamento jurídico 7.º, que:

> La libertad de enseñanza que explícitamente reconoce nuestra Constitución (art. 27.1) puede ser entendida como una proyección de la libertad ideológica y religiosa y del derecho a expresar y difundir libremente los pensamientos, ideas u opiniones que también garantizan y protegen otros preceptos constitucionales (especialmente arts. 16.1 y 20.1 a).

Conexión que el Tribunal eleva a criterio interpretativo en relación con el propio Convenio Europeo de Derechos Humanos al señalar que:

> Esta conexión queda, por lo demás, explícitamente establecida en el art. 9 del Convenio para la protección de los derechos humanos y de las libertades fundamentales firmado en Roma en 4 de noviembre de 1950, en conformidad con el cual hay que interpretar las normas relativas a derechos fundamentales y libertades públicas que nuestra Constitución incorpora, según dispone el artículo 10.2.

En esta estrecha conexión existente entre la libertad religiosa y la de enseñanza hay que situar también el artículo 2.1.c de la propia Ley Orgánica de Libertad Religiosa, que señala como una de las manifestaciones que integran el contenido de la libertad religiosa la propia enseñanza. De este modo proclama que aquella comprende, con la consiguiente inmunidad de coacción, el derecho de toda persona a:

> c) Recibir e impartir enseñanza e información religiosa de toda índole, ya sea oralmente, por escrito o por cualquier otro procedimiento; elegir para sí, y para los menores no emancipados e incapacitados, bajo su dependencia, dentro y fuera del ámbito escolar, la educación religiosa y moral que esté de acuerdo con sus propias convicciones.

5.1. LA LIBERTAD DE CREACIÓN DE CENTROS COMO INSTRUMENTO AL SERVICIO DE LA LIBERTAD RELIGIOSA

La libertad de creación de centros docentes es la manifestación más relevante de la libertad de enseñanza (Martí Sánchez y García Pardo, 2019: 311). La libertad de enseñanza proclamada en el artículo 27.1 de la Constitución no puede quedar reducida al mero derecho a un puesto escolar; la escolarización por sí misma no satisface las exigencias de la libertad de enseñanza si no tiene su punto de partida en la elección por parte del alumno o de sus padres de la orientación que ha de darse a la educación que aquella escolarización conlleva. Pero para esto es precisa la libertad de creación de centros docentes.

El derecho a la creación de centros docentes, como parte integrante de la libertad de enseñanza, aparece reconocido en el artículo 27.6 de la Constitución cuando señala que: «Se reconoce a las personas físicas y jurídicas la libertad de creación de centros docentes, dentro del respeto a los principios constitucionales». Este derecho aparece recogido igualmente en el artículo 21 de la LODE y en el artículo 115 de la Ley Orgánica 2/2006, de 3 de mayo (LOE). Respecto de la normativa internacional, este derecho aparece igualmente recogido en el artículo 13 del Pacto Internacional de Derechos Económicos, Sociales y Culturales de 1966, y en el artículo 29.2 de la Convención de Derechos del Niño.

Hay que recordar que la libertad de creación de centros docentes va mucho más allá del alcance de la libertad de empresa proclamada igualmente en el texto constitucional (artículo 38). La especificidad del derecho proclamado en el artículo 27.6 faculta a dotar a los centros educativos de un ideario o carácter propio, y permite afirmar que el derecho a la creación de centros educativos deriva directamente de la propia libertad de enseñanza. Es más, se trata del único reconocimiento constitucional del derecho a crear entidades u organizaciones de tendencia, y específicamente en el ámbito de la educación.

Así lo ha sostenido el Tribunal Constitucional (STC 5/1981) al manifestar que la creación de centros docentes posee una garantía constitucional «que, en otro caso, no sería más que una expresión concreta del principio de libertad de empresa que también la Constitución (art. 38) consagra». Es así como la libertad de enseñanza permite a su titular «modular su empresa educativa del modo que estime más conveniente y ofrecer al mercado educativo un producto con señas propias para que los padres, si así lo desean, lo escojan para sus hijos» (González-Varas Ibáñez, 2015: 158).

Por eso, la libertad de creación de centros docentes guarda una estrecha relación con el derecho de los padres a elegir centro y a elegir la educación para sus hijos conforme con sus propias convicciones, en la medida en que sirve de instrumento para su efectividad, y por eso mismo constituye un instrumento a favor de la libertad religiosa. El derecho reconocido en el artículo 27.6 se despliega a su vez en dos facultades concretas para sus titulares: el derecho a dotar al centro educativo de un ideario o carácter propio y el derecho a la dirección efectiva del centro educativo.

En esta conexión, el Tribunal Constitucional[75] ha señalado que, si bien el derecho de los padres a elegir la formación religiosa y moral que deseen para sus hijos deriva del principio de libertad de enseñanza, este derecho es distinto del derecho a elegir centro docente; no obstante, ha puesto de manifiesto la estrecha vinculación o interacción entre ambas facetas de la libertad de enseñanza, al señalar que «la elección de centro docente sea un modo de elegir una determinada formación religiosa y moral».

Es así como la creación de centros privados en nuestro ordenamiento jurídico supone el reconocimiento explícito de la posibilidad real y efectiva tanto de su dirección como de la dotación de un carácter propio o ideario que establezca la orientación de su enseñanza más allá de términos organizativos; es decir, en términos ideológicos o religiosos. Lo que caracteriza entonces en este ámbito a los centros privados, a diferencia de los públicos, es la posibilidad de dotarlos de un ideario, ya que los públicos deben ser ideológicamente neutrales. No hay una definición legal de lo que deba entenderse por ideario o carácter propio. Ni la LODE ni la LOE lo definen. La doctrina ha elaborado algunas definiciones que tratan de aprehender el amplio abanico de facultades que dicho término puede

---

75 Sentencia del Tribunal Constitucional 5/1981, de 13 de febrero, FJ8.

llegar a comprender (Nuevo López, 2009: 170). Pero podemos decir que el carácter propio es aquel documento oficial del centro educativo que recoge la visión, misión y valores constitutivos de su proyecto educativo y que, en un régimen de pluralidad educativa, su titularidad oferta a la sociedad para hacer efectivo el derecho a la educación en libertad. En este sentido, el carácter propio:

> Se refiere a aquellos aspectos fundamentales [ideológicos, religiosos, pedagógicos] que caracterizan y definen la forma de impartir la enseñanza en un centro educativo, que le diferencian de los demás centros, y que informan a los padres a la hora de elegir el tipo de educación que quieren para sus hijos, contribuyendo con ello al pluralismo externo de centros docentes (Peña, 2004: 103).

Se trata de la «hoja de ruta» que define el proyecto educativo del centro en orden al desarrollo de la personalidad del alumno y que puede integrar elementos morales, religiosos, organizativos, académicos y pedagógicos. Como derecho autónomo[76] y propio de la entidad titular que crea el centro docente, la libertad para dotar de ideario a un centro privado:

> es una libertad que tienen los titulares de los centros tanto frente a los padres como frente a los profesores o los poderes públicos, por lo que debe considerarse como una libertad personalmente absoluta, con la consecuencia de que debe descartarse la permeabilidad del ideario a las convicciones ideológicas de la comunidad escolar (Nuevo López, 2009: 175).

Conviene recordar que, como garantía del cumplimiento del derecho reconocido a los padres en el artículo 27.3 de la Constitución, en el ámbito de la educación pública, el artículo 18.1.c) de la LODE establece la obligación de neutralidad ideológica de los centros educativos públicos, al señalar que: «Todos los centros públicos desarrollarán sus actividades con sujeción a los principios constitucionales, garantía de neutralidad ideológica y respeto de las opciones religiosas y morales a que hace referencia el art. 27.3 de la Constitución». En este sentido se pronunció igualmente el propio Tribunal Constitucional en su sentencia 5/1981, de 13 de febrero, fundamento jurídico 19.º, que vinculó además la obligada neutralidad de los centros docentes públicos con los valores superiores del ordenamiento jurídico proclamados en el artículo 1.1 de la Constitución, en especial con los valores del pluralismo y la libertad, manifestando que: «En un sistema jurídico político basado en el pluralismo,

---

76 Así lo define la sentencia del Tribunal Constitucional 5/1981, de 13 de febrero.

la libertad ideológica y religiosa de los individuos y la aconfesionalidad del Estado, todas las instituciones públicas y muy especialmente los centros docentes, han de ser, en efecto, ideológicamente neutrales».

Esta neutralidad ideológica de los centros docentes públicos, a diferencia de los centros privados, que pueden dotarse de un ideario, «está concebida, directa y principalmente, como una medida que protege a los alumnos contra el posible adoctrinamiento ideológico y por tanto conlleva el reconocimiento del derecho de los padres en su vertiente negativa» (Ferrer Ortiz, 2006: 14). Y, por esa misma razón, la neutralidad que se predica de los centros docentes públicos impone a los docentes que en ellos desempeñan su función, tal y como señala el Tribunal Constitucional, fundamento jurídico 9.º:

> una obligación de renuncia a cualquier forma de adoctrinamiento ideológico, que es la única actitud compatible con el respeto a la libertad de las familias que, por decisión libre o forzadas por las circunstancias, no han elegido para sus hijos centros docentes con una orientación ideológica determinada y explícita.

Dicho lo anterior, al ser la libertad de enseñanza una proyección de la libertad religiosa y suponer el ideario una orientación de la enseñanza conforme una determinada ideología o creencias religiosas, este se convierte en un instrumento al servicio de los padres para poder dar efectividad al derecho reconocido en el artículo 27.3 de la Constitución y, por esto mismo, a la propia libertad de religión.

5.2. EL DERECHO DE LOS PADRES A ELEGIR, EN EL ÁMBITO ESCOLAR, LA EDUCACIÓN RELIGIOSA Y MORAL DE SUS HIJOS QUE ESTÉ DE ACUERDO CON SUS PROPIAS CONVICCIONES

Este derecho, que forma parte del núcleo esencial del derecho a la educación, aparece reconocido en los tratados internacionales suscritos por España. Así, la Declaración Universal de Derechos Humanos, en su artículo 26.3, establece en términos generales que: «Los padres tendrán derecho preferente a escoger el tipo de educación que habrá de darse a sus hijos». Aunque el contenido de este derecho puede pensarse que se refiere únicamente al modelo o tipo pedagógico de la educación, se trata de un derecho cuya titularidad ostentan los padres, que tiene carácter preferente y cuyo objeto:

no se está refiriendo únicamente a la posibilidad de optar por sistemas pedagógicos –que también–, sino a concepciones holísticas de la educación, es decir a sistemas educativos completos fundamentados en una determinada concepción filosófica, ideológica o religiosa de la realidad, si bien es cierto que el texto no hace referencia expresa a la educación moral o religiosa (Ruano Espino, 2006: 3).

Por su parte, el Convenio para la Protección de los Derechos Humanos y Libertades Fundamentales hecho en Roma en 1950 en su redacción inicial no hizo referencia a este derecho. Será regulado dos años más tarde por el Protocolo Adicional I, hecho en París el 20 de marzo de 1952. En el artículo 2 de este texto se establece lo siguiente:

> A nadie se le puede negar el derecho a la instrucción. El Estado, en el ejercicio de las funciones que asuma en el campo de la educación y de la enseñanza, respetará el derecho de los padres a asegurar esta educación y esta enseñanza conforme a sus convicciones religiosas y filosóficas.

La importancia de este texto radica en la vinculación que establece entre el derecho a la educación y el derecho a la libertad religiosa y la imposición al Estado de la obligación positiva del respeto al derecho de los padres de asegurar que la educación de sus hijos se llevará a cabo de conformidad con sus convicciones religiosas.

El Pacto Internacional de Derechos Civiles y Políticos de 1966 reconoce también el derecho de los padres a elegir la formación religiosa y moral para sus hijos en su artículo 18.4, indicando que: «Los Estados Partes en el presente Pacto se comprometen a respetar la libertad de los padres y, en su caso, de los tutores legales, para garantizar que los hijos reciban la educación religiosa y moral que esté de acuerdo con sus propias convicciones». Esto se complementa con el contenido en el artículo 13.3 del Pacto Internacional de Derechos Económicos, Sociales y Culturales de 1966, que garantiza este derecho en el ámbito de los derechos educativos al establecer que:

> Los Estados Partes en el presente Pacto se comprometen a respetar la libertad de los padres y, en su caso, de los tutores legales, de escoger para sus hijos o pupilos escuelas distintas de las creadas por las autoridades públicas, siempre que aquéllas satisfagan las normas mínimas que el Estado prescriba o apruebe en materia de enseñanza, y de hacer que sus hijos o pupilos reciban la educación religiosa o moral que esté de acuerdo con sus propias convicciones.

Por último, en el ámbito de la Unión Europea, la Carta de los Derechos Fundamentales de 2000 afirma en su artículo 14.3, tras proclamar el derecho a la educación que tiene toda persona, que se respeta también «el derecho de los padres a garantizar la educación y la enseñanza de sus hijos conforme a sus convicciones religiosas, filosóficas y pedagógicas».

Por parte de nuestro ordenamiento jurídico, el párrafo 3.º del artículo 27 de la Constitución proclama que: «los poderes públicos garantizan el derecho que asiste a los padres para que sus hijos reciban la formación religiosa y moral que esté de acuerdo con sus propias convicciones». Por su parte, el artículo 4.b) de la Ley Orgánica 8/1985, de 3 de julio, reguladora del Derecho a la Educación (LODE), reconoce expresamente que los padres o tutores, en relación con la educación de sus hijos o pupilos, tienen derecho a «escoger centro docente tanto público como distinto de los creados por los poderes públicos» y a que sus hijos o pupilos «reciban la formación religiosa y moral que esté de acuerdo con sus propias convicciones». Igualmente, en el elenco de derechos reconocidos a los alumnos en el artículo 6.3.f) se establece su derecho «a que se respete su libertad de conciencia, sus convicciones religiosas y sus convicciones morales, de acuerdo con la Constitución».

El artículo 108.6 de la Ley Orgánica 2/2006, de 3 de mayo, de Educación establece igualmente el derecho a la elección de centro distinto de los creados por los poderes públicos, cuando señala:

> Los padres o tutores, en relación con la educación de sus hijos o pupilos, tienen derecho, de acuerdo con lo establecido en el artículo 4 de la Ley Orgánica 8/1985, de 3 de julio, reguladora del Derecho a la Educación, a escoger centro docente tanto público como distinto de los creados por los poderes públicos, a los que se refiere el apartado 3 del presente artículo.

Por otra parte, dado que la libertad de enseñanza es una proyección de la libertad religiosa, en el contenido esencial del derecho fundamental de libertad religiosa como una de las manifestaciones propias de dicha libertad, la LOLR, en su artículo 2.1c), determina que una de ellas es: «(...) elegir para sí, y para los menores no emancipados e incapacitados, bajo su dependencia, dentro y fuera del ámbito escolar, la educación religiosa y moral que esté de acuerdo con sus propias convicciones».

Dicho lo anterior, el contenido de este derecho, siguiendo a Ruano Espino (2009: 11), puede definirse en una doble vertiente, positiva y negativa:

a. Implica, en su dimensión positiva, que los padres tienen derecho a elegir para sus hijos, tanto dentro como fuera del ámbito escolar, la educación religiosa y moral que esté de acuerdo con sus propias convicciones. La enseñanza religiosa escolar y la posibilidad de creación de centros dotados de ideario o carácter propio posibilitan el ejercicio de la dimensión positiva de este derecho.

b. Garantiza, desde la vertiente negativa, un ámbito de autonomía para que los padres puedan libremente optar por que sus hijos no reciban un determinado tipo de educación religiosa o moral, o para oponerse a que reciban la que sea contraria a sus propias convicciones. En esta vertiente son interesantes los pronunciamientos del TEDH, especialmente los relativos a la configuración por parte de los Estados de materias con contenido moral y de seguimiento obligatorio por parte de los alumnos. El TEDH ha ido perfilando los rasgos del contenido de dichas asignaturas a través de las sentencias del caso Kjeldsen, Busk Madsen and Pedersen contra Dinamarca, de 7 de diciembre de 1976; el caso Folgerø y Otros contra Noruega, de 29 de junio de 2007; y el caso Hasan y Eylem Zengin contra Turquía, de 9 de octubre de 2007. El Tribunal Constitucional se ha pronunciado igualmente en este sentido, por ejemplo, en la sentencia 31/2018, de 10 de abril, afirmando que el artículo 27.3 de la Constitución lleva ínsito el derecho de los padres a que sus hijos no reciban enseñanzas contrarias a sus convicciones religiosas y morales.

El artículo 27.3 de la Constitución proclama el derecho de los padres, pero no señala cómo debe el Estado garantizarlo. Pero de la conexión entre los aparatados 1.º, 2.º y 3.º del artículo 27 con el artículo 16.1 de la Constitución y el artículo 2.1.c) de la LOLR podemos deducir que el derecho reconocido en el artículo 27.3, en cuanto que forma parte del núcleo esencial del derecho a la educación, tendría naturaleza prestacional, de tal forma que exigirá de los poderes públicos la adopción de medidas que lo garanticen (artículo 9.2 de la Constitución). Entre las medidas que podemos considerar como instrumentos que darían efectividad a este derecho estarían las siguientes:

1. La concertación de centros educativos privados con ideario o carácter propio confesional (artículo 27.9 de la Constitución).

2. La neutralidad ideológica de los centros docentes públicos.

3. La enseñanza religiosa escolar en la escuela pública (a través de los acuerdos de cooperación).

5.3. LA ENSEÑANZA RELIGIOSA ESCOLAR (ERE)

La presencia de la enseñanza religiosa escolar, especialmente en las escuelas de titularidad pública, está estrechamente conectada con el reconocimiento, tanto nacional como internacional, del derecho que asiste a los padres para que sus hijos reciban la formación religiosa y moral que esté de acuerdo con sus propias convicciones. Este derecho que asiste a los padres va más allá de un modelo educativo; se trata de una concreta educación religiosa y moral.

Y, aunque del tenor literal del artículo 27.3 de la Constitución no puede deducirse que este derecho de los padres lo sea necesariamente en el ámbito educativo en general o de la enseñanza pública en particular, esta cuestión queda aclarada en la propia LOLR, cuyo artículo 2.1 declara, en primer lugar, que forma parte del derecho de libertad religiosa el derecho de toda persona a: «Elegir para sí, y para los menores no emancipados e incapacitados, bajo su dependencia, dentro y fuera del ámbito escolar, la educación religiosa y moral que esté de acuerdo con sus propias convicciones». Para, a continuación, concretar el ámbito del ejercicio de este derecho en el número 3 del artículo 2, en el que se dispone que: «para la aplicación real y efectiva de estos derechos, los poderes públicos adoptarán las medidas necesarias para facilitar la (…) formación religiosa en centros docentes públicos».

En consecuencia, la presencia de la ERE en el ámbito escolar y, especialmente, en el ámbito de la escuela pública, se justifica por la proclamación que de este derecho de las familias se efectúa en la legislación internacional y en el propio bloque de constitucionalidad del derecho de libertad religiosa. El propio Tribunal Constitucional ha venido a reafirmar la justificación de la presencia de la ERE en la escuela pública en orden a la garantía de la propia libertad religiosa de aquellas familias que por unos u otros motivos no han elegido o podido elegir un centro educativo acorde con sus propias convicciones y han tenido que escolarizar a sus hijos en un colegio de la red pública. Así, la sentencia 5/1981, de 13 de febrero (FJ9), ya señaló que esta posibilidad, en conexión con la debida neutralidad de los centros docentes públicos, sería: «(…) la única actitud compatible con el respeto a la libertad de las familias que, por decisión libre o forzadas por las circunstancias, no han elegido para sus hijos centros docentes con una orientación ideológica determinada y explícita».

Ahora bien, si los centros públicos han de ser ideológicamente neutrales, cabe entonces preguntarse si la presencia de la ERE en estos centros es compatible con dicha neutralidad. La jurisprudencia ha tenido ocasión de pronunciarse sobre este extremo. El propio Tribunal Constitucional ha indicado la compatibilidad de la presencia de la ERE con la debida neutralidad ideológica de los centros docentes públicos, al señalar en su sentencia 5/1981, de 13 de febrero, fundamento jurídico 9.º, que:

> Esta neutralidad, que no impide la organización en los centros públicos de enseñanzas de seguimiento libre para hacer posible el derecho de los padres a elegir para sus hijos la formación religiosa y moral que esté de acuerdo con sus propias convicciones (art. 27.3 de la Constitución), es una característica necesaria de cada uno de los puestos docentes integrados en el centro, y no el hipotético resultado de la casual coincidencia en el mismo centro y frente a los mismos alumnos, de profesores de distinta orientación ideológica cuyas enseñanzas se neutralicen recíprocamente.

Por su parte, el Tribunal Supremo, en sentencia de 25 de enero de 2005, ha señalado igualmente que la enseñanza del hecho religioso no supone una vulneración de la libertad ideológica, por cuanto la enseñanza de la religión como materia académica e impartida desde una plano intelectual y objetivo no supone adoctrinamiento ni impone ideología o creencia alguna. La enseñanza de la religión, por tanto, no solo no contraría el principio de neutralidad de las instituciones públicas, sino que sería una proyección suya (González-Varas Ibáñez, 2015: 105).

Por ello, puede afirmarse que la presencia de la ERE en los centros públicos constituye un instrumento al servicio del derecho fundamental a la libertad de religión, que encuentra proyección a través del derecho de los padres a elegir la formación religiosa acorde con sus propias convicciones morales y religiosas, en su vertiente individual, y del derecho de las confesiones religiosas a divulgar, propagar y enseñar su propio credo, en su vertiente colectiva.

5.3.1. Características propias de la ERE

La ERE tiene, además, unas características propias respecto de otras materias o asignaturas, partiendo, en cualquier caso, de que nos encontramos ante una disciplina académica que no debe confundirse con la catequesis o la asistencia religiosa. Entre las características fundamentales que cabe resaltar por su estrecha conexión con el ejercicio de la libertad religiosa se encuentran las siguientes:

1. La confesionalidad de la materia da lugar a que, si bien su oferta puede ser obligatoria para los centros (tal y como se establece en la LOE, Disposición Adicional 2.ª, únicamente para el caso de la religión católica), su seguimiento ha de ser en todo caso voluntario para

los alumnos. La obligatoriedad de su seguimiento sería contraria al derecho a la propia libertad religiosa de los alumnos, así como a su libertad de conciencia, reconocida expresamente en el artículo 52.2 de la LODE, que señala que: «En todo caso, la enseñanza deberá ser impartida con pleno respeto a la libertad de conciencia».

2. Su contenido y los libros de texto serán los señalados por las propias confesiones religiosas. Esto es muestra del principio de aconfesionalidad del Estado, que no puede entrar a valorar ni a determinar el contenido confesional propio de cada confesión religiosa.

3. La necesidad de que las personas que vayan a impartir dicha materia cuenten con la idoneidad de las respectivas confesiones religiosas.

5.3.2. Los acuerdos con las confesiones religiosas en esta materia

La ERE, que aparece reconocida en los diferentes acuerdos suscritos entre el Estado y las confesiones religiosas, constituye igualmente uno de los ámbitos de cooperación del Estado con estas.

a) Enseñanza religiosa escolar católica

El régimen jurídico de la ERE católica aparece regulado en el Acuerdo entre el Estado español y la Santa Sede sobre Enseñanza y Asuntos Culturales de 1979. El artículo II establece el principio general de incorporación de la ERE católica en los planes de estudios que actualmente se refieren a los niveles de educación primaria, educación secundaria obligatoria, bachillerato y ciclos formativos de formación profesional, determinando que lo será «en condiciones equiparables a las demás disciplinas fundamentales». Asimismo, establece la obligación de su oferta en todos los centros educativos, incluidos los de titularidad pública. Por respeto a la libertad de conciencia de los alumnos, se determina igualmente que «dicha enseñanza no tendrá carácter de obligatoria para los alumnos». En todo caso, establece la obligación por parte de los poderes públicos de garantizar el derecho a recibirla.

Una de las cuestiones que más controversia producen a la hora de la incorporación de la asignatura en los planes de estudios es la obligación de hacerlo en los términos de «condiciones equiparables a las demás disciplinas fundamentales». El conflicto surge cuando la incorporación de la materia a los respectivos currícula de los niveles educativos no respeta esta equiparación en términos, por ejemplo, de su carácter no evaluable, la falta de calificación a los efectos del expediente académico o su carga lectiva en comparación con otras materias, lo que, en muchas ocasiones, se traduce en una discriminación directa de los alumnos que optan por cursar la materia.

En suma, no basta con la mera inclusión de la materia en los planes de estudios, sino que lo ha de ser en términos equiparables a las demás disciplinas fundamentales. En este sentido, ha precisado la jurisprudencia del Tribunal Supremo (por todas, la sentencia 1403/2019, de 21 de octubre) que:

> Siendo pacífico que condiciones equiparables no significa condiciones idénticas, si recapitulamos sobre las conclusiones alcanzadas entonces, nos encontramos con que (i) son aspectos cualitativos y no cuantitativos los que se han de tener en cuenta para decidir si se da o no el trato equiparable del que se habla (…).

Por lo que la incorporación de la asignatura deberá serlo en condiciones cualitativas equiparables con las demás.

Igualmente, el artículo II establece que: «Las autoridades académicas adoptarán las medidas oportunas para que el hecho de recibir o no recibir la enseñanza religiosa no suponga discriminación alguna en la actividad escolar». Su elección no debe suponer, en consecuencia, discriminación para quienes no la elijan (y a la inversa).

Esta es otra de las cuestiones conflictivas en la regulación de la materia por parte de las diferentes normas educativas, especialmente cuando no se prevé una asignatura alternativa a la clase de religión en los diferentes currícula. El Tribunal Supremo[77] ha señalado al respecto que, si debemos cumplir el Acuerdo entre la Santa Sede y el Estado Español (que forma parte –exartículo 96.1 de la Constitución– de nuestro ordenamiento interno) y ofrecer la enseñanza de Religión Católica en condiciones equiparables a las demás disciplinas fundamentales, no es posible hacerlo sin que la legítima opción de unos de recibir enseñanza religiosa conlleve la carga no desproporcionada y legítima de recibir enseñanza alternativa de determinadas características para no producir efectos disuasorios y cumplir las previsiones de no discriminación y condiciones de equiparabilidad con las restantes disciplinas. Es más, para el Tribunal Supremo, no establecer asignatura o actividad alternativa a la asignatura de religión:

> la deja sola y carente de la fuerza que se le otorga, tanto por la propia Constitución, el Acuerdo entre la Santa Sede y el Estado Español, la Disposición Adicional Segunda de la LOE 2/2006 y (…). No olvidemos que

---

77 Sentencia de 20 de julio de 2012, FJ6.

la Enseñanza de la Religión es de oferta obligatoria para todos los centros y en todas las etapas educativas, pero de elección voluntaria para los alumnos (o sus padres) de forma que en ningún caso se produzca discriminación tanto por una u otra opción.

Igualmente, el Tribunal Supremo[78] ha incidido en la idea de que la discriminación para los alumnos que opten por la enseñanza de la religión solamente se supera y elimina si se establecen actividades alternativas, pues:

En el supuesto de que no se les impusiese tales actividades alternativas, ello supondría una penalización de la Religión y un motivo disuasorio en contra de ella pues se dejaría a los alumnos que no opten por ninguna enseñanza religiosa en una situación ventajosa respecto de aquellos, pues evidentemente tendrían menos horas de clases, y menos actividades a realizar con la posibilidad de dedicar esas horas a juegos y ocio, lo que atraería a la mayoría de los alumnos a no optar por ninguna clase de Religión, de lo cual se desprende que no existe la discriminación descrita por los recurrentes.

Consecuentemente, para el Tribunal Supremo la ausencia de regulación de materia alternativa determina el incumplimiento del Acuerdo de 1979 «al no asegurar el tratamiento "en condiciones equiparables a las demás disciplinas fundamentales", al no establecerse alternativa o disciplina académica equiparable alguna que soporte la previsión normativa de nuestro ordenamiento interno». Criterio jurisprudencial que será ratificado por el propio Tribunal Constitucional, que, en su sentencia 31/2018, de 10 de abril de 2018, fundamento jurídico 2.º, ha considerado que la existencia de una relación de alternatividad entre Religión y otra asignatura no vulnera el derecho a la igualdad ni implica discriminación alguna.

El artículo III del acuerdo regula el régimen del profesorado de la materia. De este modo, la enseñanza religiosa será impartida «por las personas que, para cada año escolar, sean designadas por la autoridad académica entre aquellas que el Ordinario diocesano proponga para ejercer esta enseñanza». Es decir, que los profesores los propone el ordinario diocesano y los designa la autoridad de la administración educativa correspondiente. La idoneidad religiosa del docente corresponde determinarla a la autoridad eclesiástica correspondiente.

En el artículo V se determina que: «A la jerarquía eclesiástica corresponde señalar los contenidos de la enseñanza y formación religiosa católica, así como proponer los libros de texto y material didáctico relativos a dicha enseñanza y formación». Por su parte, el artículo VII regula con carácter general el sistema de remuneración de los profesores de la

---

78 Sentencia de 1 de abril de 1998, FJ2.

materia, señalando que: «La situación económica de los Profesores de religión católica que no pertenezcan a los Cuerpos docentes del Estado, se concertará entre la Administración Central y la Conferencia Episcopal Española». En términos generales, hay que señalar que es la administración educativa la que corre con los gastos derivados de esta enseñanza.

b) Enseñanza religiosa escolar de las confesiones con acuerdos de cooperación: evangélicos, judíos y musulmanes

Los artículos 10 de los acuerdos de cooperación con la FEREDE, la FCJE y la CIE recogen el régimen jurídico de la enseñanza religiosa escolar de estas confesiones. Así, en el párrafo 1.º se garantiza a los alumnos, a sus padres y a los órganos escolares de gobierno que lo soliciten el ejercicio del derecho de los primeros a recibir enseñanza religiosa propia de cada una de esas confesiones en los centros docentes públicos y privados concertados, siempre que, en cuanto a estos últimos, el ejercicio de aquel derecho no entre en conflicto con el carácter propio del centro, en los niveles de educación infantil, educación primaria y educación secundaria. Se ha de señalar que, a diferencia de lo previsto en el Acuerdo con la Santa Sede de 1979, la oferta de la materia no tiene carácter obligatorio por parte de los centros, y en la redacción de ese primer párrafo no se incluyen los niveles educativos no obligatorios como el bachillerato o la formación profesional.

El párrafo 2.º recoge que la enseñanza religiosa será impartida por profesores designados por los órganos correspondientes de las confesiones religiosas (el Consejo General de la Enseñanza Religiosa Evangélica y la propia Comisión Islámica de España, respectivamente), siempre que dispongan de las debidas titulaciones académicas. Por su parte, el párrafo 3.º determina que los contenidos de la enseñanza religiosa de cada confesión, así como los libros de texto, serán los señalados por las confesiones respectivas.

Inicialmente, tras la aprobación de los acuerdos, el régimen previsto para la impartición de la ERE de cada una de estas confesiones era el de libre acceso, al permitirse el acceso a los docentes de estas confesiones y la puesta a disposición de locales en los centros. Los gastos que ocasionaban los docentes corrían a cuenta de cada una de las confesiones. Sin embargo, en 1996 se suscribieron dos convenios con musulmanes y evangélicos sobre la designación de los docentes y la financiación de la enseñanza confesional de estas confesiones. Se trata de la Resolución de 23 de abril de 1996, de la Subsecretaría, por la que se dispone la publicación del Acuerdo del

Consejo de Ministros, de 1 de marzo de 1996, y el Convenio sobre designación y régimen económico de las personas encargadas de la enseñanza religiosa islámica, en los centros docentes públicos de Educación Primaria y Secundaria, y la Resolución de 23 de abril de 1996, de la Subsecretaría, por la que se dispone la publicación del Acuerdo del Consejo de Ministros, de 1 de marzo de 1996, y el Convenio sobre designación y régimen económico de las personas encargadas de la enseñanza religiosa evangélica, en los centros docentes públicos de educación primera y secundaria (resoluciones publicadas en el *BOE* de 3 de mayo de 1996).

Los judíos mantienen el sistema inicial previsto en 1992, pues decidieron no poner en práctica la posibilidad prevista en el artículo 10 de su acuerdo con el Estado.

Además de corresponder la designación de los docentes a ambas confesiones, se establece un sistema de retribución en función de un número mínimo de alumnos que soliciten la impartición de la clase de religión confesional. Así, se señala en su cláusula 8.ª (la redacción es idéntica para las dos confesiones):

> 1) Los alumnos y alumnas del mismo nivel educativo que, en un mismo centro, soliciten la Enseñanza Religiosa Evangélica, serán agrupados para recibir esta enseñanza. En este caso, el número de alumnos por grupo no será mayor que el establecido por la normativa vigente para la correspondiente etapa.

> 2) En el caso de que al aplicarse lo dispuesto en el apartado anterior, el grupo formado sea inferior a diez, se agruparán los alumnos y alumnas de diferentes niveles educativos de una misma etapa que, en un mismo centro, hubiesen solicitado recibir la Enseñanza Religiosa Evangélica.

> 3) La hora de clase de Enseñanza Religiosa Evangélica será compensada económicamente por el Estado cuando el número de alumnos a que se imparta, una vez aplicado lo acordado en los apartados 1 y 2 de esta cláusula, sea igual o superior a diez. El importe económico, por cada hora de Enseñanza Religiosa Evangélica, tendrá el mismo valor que la retribución real, por hora de clase, de cualquier materia impartida por un profesor interino del mismo nivel.

En ambos casos, se establece que el Estado transferirá anualmente a la CIE o la FEREDE las cantidades globales que resulten de la aplicación de lo dispuesto en la cláusula anterior a la actividad prestada durante el curso académico precedente por las personas que impartan la enseñanza religiosa islámica o evangélica que no sean personal docente de la Administración.

5.3.3. El régimen del profesorado de religión

El régimen jurídico del profesorado de religión ha sufrido diversos avatares a lo largo de su historia, y esta no siempre ha sido pacífica. Como ya hemos señalado, el principio de neutralidad y el derecho de libertad religiosa, especialmente la autonomía de las confesiones religiosas, exigen que la designación de aquellos docentes que vayan a impartir una enseñanza confesional recaiga sobre la propia confesión religiosa. La competencia aparece así reconocida en los acuerdos con las confesiones religiosas: artículo III del Acuerdo entre el Estado español y la Santa Sede y artículo 10 de los acuerdos con las confesiones minoritarias de 1992.

La regulación del estatuto de los profesores de religión se recoge en el Real Decreto 696/2007, de 1 de junio, por el que se regula la relación laboral de los profesores de religión prevista en la Disposición Adicional 3.ª de la Ley Orgánica 2/2006, de 3 de mayo, de Educación (LOE). Esta Disposición, modificada por el artículo único 78 bis de la Ley orgánica 3/2020, de 29 de diciembre, establece con carácter general que:

> 1. Los profesores que impartan la enseñanza confesional de las religiones deberán cumplir los requisitos de titulación establecidos para las distintas enseñanzas reguladas en la presente Ley, así como los establecidos en los acuerdos suscritos entre el Estado Español y las diferentes confesiones religiosas.
>
> 2. Los profesores que, no perteneciendo a los cuerpos de funcionarios docentes, impartan la enseñanza confesional de las religiones en los centros públicos lo harán en régimen de contratación laboral, de conformidad con el Estatuto de los Trabajadores, con las respectivas Administraciones competentes. La regulación de su régimen laboral se hará con la participación de los representantes del profesorado. Se accederá al destino mediante criterios objetivos de igualdad, mérito y capacidad. Estos profesores percibirán las retribuciones que correspondan en el respectivo nivel educativo a los profesores interinos.
>
> En todo caso, la propuesta para la docencia corresponderá a las entidades religiosas y se renovará automáticamente cada año. La determinación del contrato, a tiempo completo o a tiempo parcial según lo que requieran las necesidades de los centros, corresponderá a las Administraciones competentes. La remoción, en su caso, se ajustará a derecho.

El Real Decreto, en consecuencia, viene a regular la relación laboral de los profesores de religión que no perteneciendo a los cuerpos de funcionarios docentes impartan la enseñanza de las religiones en centros públicos.

Para impartir las enseñanzas de religión la norma establece que será necesario reunir los mismos requisitos de titulación exigibles, o equivalentes, en el respectivo nivel educativo a los funcionarios docentes no universitarios conforme se enumeran en la Ley Orgánica 2/2006, de 3 de mayo, de Educación. Igualmente, en aplicación de los principios de aconfesionalidad y de la autonomía de las confesiones religiosas, se exige a los docentes haber sido propuestos por la autoridad de la confesión religiosa para impartir dicha enseñanza y haber obtenido la declaración de idoneidad o certificación equivalente de la confesión religiosa objeto de la materia educativa, todo ello con carácter previo a su contratación por la administración competente.

La contratación de los profesores de religión será por tiempo indefinido, salvo en los casos de sustitución del titular de la relación laboral y sin perjuicio de lo dispuesto en las causas de extinción del contrato que figuran en el propio Real Decreto. La determinación de la modalidad del contrato a tiempo completo o parcial, según lo requieran las necesidades de los centros públicos, corresponderá a las administraciones educativas competentes. Por otra parte, la norma regula los supuestos de extinción del contrato de trabajo, entre los que se encuentra la de revocación ajustada a derecho de la acreditación o de la idoneidad para impartir clases de religión por parte de la confesión religiosa que la otorgó.

La cuestión más controvertida del estatuto jurídico del profesor de religión es la posibilidad de extinción del contrato de trabajo o no renovación en la propuesta a la administración educativa por retirada de la idoneidad por parte de la confesión religiosa que lo propuso. Como señala Moreno Botella (2017: 271), nos encontramos con una relación laboral fundada sobre la base de un contrato *sui generis* que exige, además del cumplimiento de un requisito de capacidad técnica, otro de idoneidad para impartir la asignatura de acuerdo con la doctrina de la iglesia o confesión correspondiente; idoneidad que otorga y puede retirar la autoridad confesional si el docente no se ajusta a esa doctrina incluso en su esfera personal o íntima.

En el caso de los profesores de Religión Católica, se exige por parte de la Iglesia católica, junto a la Declaración Eclesiástica de Competencia Académica o DECA (haber cursado una formación específica determinada por la autoridad eclesiástica), la Declaración Eclesiástica de Idoneidad o DEI, que se sustenta en el cumplimiento por parte del docente de los cánones 804 y 805 del Código de Derecho Canónico, y que el obispo puede retirar en caso de incumplimiento. Además, se requiere que el docente cuente con la *missio* canónica, que es la propuesta formal canónica por parte del obispo competente ante la administración educativa correspondiente. Respecto de los docentes de religión musulmana o evangélica, los acuerdos de 1992 no establecen en su artículo 10 ningún tipo de declaración de idoneidad formal, ya que simplemente se limitan a señalar que serán designados por las comunidades correspondientes, y que, de conformidad con el Real Decreto 696/2007, deberán acreditar la certificación equivalente de la confesión religiosa antes de su contratación.

En este sentido, hay que señalar que este sistema de contratación del profesorado de religión, en el que intervienen tanto las autoridades religiosas como los centros educativos y donde es la administración educativa la que abona los salarios, había sido confirmado por el propio Tribunal Constitucional, por ejemplo en su sentencia 38/2007, de 15 de febrero, que, con relación a este requisito, desestimó la cuestión de inconstitucionalidad planteada respecto de los párrafos primero y segundo del artículo III del Acuerdo entre el Estado español y la Santa Sede de 3 de enero de 1979, sobre enseñanza y asuntos culturales, así como respecto del párrafo segundo de la disposición adicional segunda de la Ley Orgánica 1/1990, de 3 de octubre, de ordenación general del sistema educativo, en la redacción dada por la Ley 50/1998, de 30 de diciembre.

No obstante los pronunciamiento del Tribunal no han sido uniformes, pues en la sentencia 51/2011, de 14 de abril, ha venido a señalar que, si bien la retirada de la idoneidad puede responder a razones de índole religiosa y moral, esto no impide que los órganos jurisdiccionales puedan ponderar los derechos fundamentales que entran en conflicto y llegar a la conclusión de la existencia de una violación de los derechos fundamentales del profesor de religión, en el caso concreto de los de igualdad, libertad ideológica y del derecho a contraer matrimonio.

Pese a ello, hay que poner de manifiesto que el Tribunal Europeo de Derechos Humanos confirmó la viabilidad del sistema tradicional de contratación de profesores de religión basado en el libre otorgamiento o denegación de la idoneidad eclesiástica por parte de la autoridad religiosa correspondiente, en concreto en la sentencia del caso Fernández Martínez contra España, de 15 de mayo de 2012, que fue confirmada por la Gran Cámara en sentencia de 14 de junio de 2014. Este Tribunal ha vuelto a pronunciarse en un sentido similar en la sentencia del caso Travas contra Croacia, de 30 de enero de 2017, señalando que, en virtud de la autonomía de las confesiones religiosas frente al Estado, se reconoce el derecho de la Iglesia católica a no renovar el contrato a un profesor de religión por mantener una vida contraria a las enseñanzas de la propia confesión. Para el TEDH, determinadas conductas que entrarían dentro de la propia libertad ideológica del trabajador, así como los derechos derivados de la misma como el matrimonio, pueden ser objeto de una suerte de modulación en su ejercicio y exigirse la adaptación a la doctrina de la iglesia en la que dichos trabajadores prestan servicios.

No puede olvidarse en estas cuestiones que la ponderación de los derechos fundamentales en juego no se agota solo en los del profesor de religión y en la libertad religiosa y autonomía de las confesiones religiosas, sino que entran en juego igualmente los derechos de los padres a educar a sus hijos de conformidad con sus propias convicciones religiosas. La ERE se sustenta sobre un acto de confianza en el que participan tanto el profesor que acepta libremente impartir una asignatura de carácter confesional como la confesión religiosa que libremente lo nombra en la confianza de su idoneidad religiosa y las familias que confían en que el docente de una materia confesional libremente elegida para sus hijos responda y traslade las convicciones religiosas de la confesión a la que pertenecen.

En la sentencia 140/2014, de 11 de septiembre, fundamento jurídico 5.º, el Tribunal Constitucional ha afirmado que la declaración de idoneidad no constituye sino uno de los requisitos de capacidad necesarios para acceder al puesto de profesor de religión en los centros de enseñanza pública, «siendo su exigencia conforme al derecho a la igualdad de trato y no discriminación (art. 14 CE) y a los principios que rigen el acceso al empleo público (art. 103.3 CE)», teniendo en cuenta, además, que «no vulnera tampoco el art. 9.3 CE». Desde otra perspectiva, también señala que:

> Esta exigencia no puede entenderse que vulnere el derecho individual a la libertad religiosa (art. 16.1 CE) de los profesores de religión, ni la prohibición de toda obligación de declarar sobre su religión (art. 16.2 CE), principios que sólo se ven afectados en la estricta medida necesaria para hacerlos compatibles con el derecho de las iglesias a la impartición de su doctrina en el marco del sistema de educación pública (arts. 16.1 y 16.3 CE) y con el derecho de los padres a la educación religiosa de sus hijos (art. 27.3 CE). Resultaría sencillamente irrazonable que la enseñanza religiosa en los centros escolares se llevase a cabo sin tomar en consideración como criterio de selección del profesorado las convicciones religiosas de las personas que libremente deciden concurrir a los puestos de trabajo correspondientes, y ello, precisamente, en garantía del propio derecho de libertad religiosa en su dimensión externa y colectiva.

BIBLIOGRAFÍA

Aɪzaga Vɪʟʟaamɪʟ, O. (1998): *Derecho político español según la Constitución de 1978,* Madrid, Marcial Pons.

Arʟettaz, F. (2012): «La jurisprudencia del Tribunal Europeo de Derechos Humanos sobre la libertad religiosa: un análisis jurídico-político». *Revista Derechos y Libertades,* año n.º 16, n.º 27, pp. 209-240.

Benedɪcto XVI (2011): *Mensaje para la celebración de la XLIV Jornada Mundial de la Paz.* Recuperado de: <www.vatican.va>.

Bernárdez Cantón, A. (1989): «La mención de la Iglesia Católica en la Constitución Española». En VV. AA., *Las Relaciones entre la Iglesia y el Estado. Estudios en Homenaje del Profesor Lombardía,* Madrid, Universidad Complutense de Madrid, Universidad de Navarra y Editoriales de Derecho Reunidas, pp. 403-420.

Bʟanco, M. (2008): *Libertad religiosa, laicidad y cooperación en el derecho eclesiástico. Perspectiva actual del Derecho pacticio español,* Granada, Comares.

Caʟvo Áʟvarez, J. (1999): *Los principios del Derecho Eclesiástico español en las sentencias del Tribunal Constitucional,* Berriozar, Navarra Gráfica Ediciones.

Cañamares Arrɪbas, S. (2018): *Igualdad religiosa en las relaciones laborales,* Cizur Menor, Aranzadi.

—— (2023): *Derecho y factor religioso en la Unión Europea,* Cizur Menor, Aranzadi.

Cañɪvano Saʟvador, M. A. (2007): *Fuentes del Derecho Eclesiástico del Estado.* Recuperado de: <http://hdl.handle.net/2445/1442> [Consulta: 13 de diciembre de 2023].

Castro Jover, A. (2003): «Laicidad y actividad positiva de los poderes públicos». *Revista General de Derecho Canónico y Derecho Eclesiástico del Estado,* n.º 3, pp. 1-32.

—— (2019): «La libertad de enseñanza de las confesiones religiosas entre libertad de expresión y discurso del odio». En Castro Jover, A. (dir.), *Los límites a la autonomía de las confesiones religiosas,* Cizur Menor, Thomson Reuters Aranzadi, pp. 263-297.

Combaʟía Soʟís, Z. (1997): «Principios informadores del Derecho Eclesiástico Español». En García Hervás, D. (coord.), *Manual de Derecho Eclesiástico del Estado,* Madrid, Colex, pp. 129-142.

——— (2020): «Los límites al derecho fundamental de libertad religiosa». En Rossel Granados, J. y García García, R. (coords.), *Derecho y religión,* Valencia, Universidad Católica de Valencia, pp. 235-251.

Corral Salvador, C. (2009): *Derecho internacional concordatario,* Madrid, BAC.

——— (2012): *Derecho Eclesiástico Internacional,* Madrid, Comares.

De Diego Lora, C. (1983): «Naturaleza jurídica de las personas morales eclesiásticas en el Derecho español vigente». *Ius canonicum,* n.º 23 (45), pp. 237-317.

De los Mozos Touya, I. (1995): *Educación en libertad y concierto escolar,* Madrid, Montecorvo.

Fernández Miranda, T. (1981): «Artículo 27 de la Constitución». En Alzaga, O. (dir.), *Comentarios a la Constitución,* Madrid, Edersa.

Ferreiro Galguera, J. (2022): *Derecho y Religión en el ordenamiento jurídico español,* Valencia, Tirant lo Blanch.

Ferrer Ortiz, J. (2006): «Los derechos educativos de los padres en una sociedad plural». *Revista General de Derecho Canónico y Derecho Eclesiástico del Estado,* n.º 10, pp. 1-25.

Ferrer Ortiz, J. y Viladrich Bataller, P. J. (2007): «Los principios informadores del Derecho eclesiástico español». En Ferrer Ortiz, J. (coord.), *Derecho Eclesiástico del Estado Español,* Pamplona, Eunsa, pp. 115-152.

Fornés, J. (1980): *El nuevo sistema concordatario español,* Pamplona, Servicio de Publicaciones de la Universidad de Navarra.

García Morillo, J. (2000): «La cláusula general de igualdad». En López Guerra, L.; Espín, E.; García Morillo, J.; Pérez Tremps, P. y Satrústegui, M., *Derecho Constitucional. Vol. 1, El ordenamiento constitucional. Derechos y deberes de los ciudadanos,* Valencia, Tirant lo Blanch, pp. 159-177.

García Pardo, D. (1999): *El sistema de acuerdos con las confesiones minoritarias en España e Italia,* Madrid, Centro de Estudios Políticos y Constitucionales y *Boletín Oficial del Estado.*

González de Cardedal, O. (2000): «La Iglesia en España: problemas de superficie y problemas de fondo». En González de Cardedal, O. (ed.), *La Iglesia en España 1950-2000,* Madrid, PPC Propaganda Popular Católica.

——— (2011): «Libertad y laicidad». En Garrido, M. A. (coord.), *El respeto político a la creencia,* Madrid, Rialp.

González del Valle, J. M. (1991): *Derecho Eclesiástico del Estado,* Madrid.

——— (2005): *Derecho Eclesiástico del Estado,* Madrid, Thomson Civitas.

González-Varas Ibáñez, A. (2015): *Derechos educativos, calidad en la enseñanza y proyección jurídica de los valores en las aulas,* Valencia, Tirant lo Blanch.

Gutiérrez del Moral, M. J. (2007): «Reflexiones sobre el derecho de los padres a decidir la formación religiosa y moral de sus hijos y la enseñanza de la religión en los centros públicos». *Revista General de Derecho Canónico y Derecho Eclesiástico del Estado,* n.º 14.

Hermida del Llano, C. (2012): «La Carta de los Derechos Fundamentales en la Unión Europea». En Ollero, A. y Hermida del Llano, C. (coords.), *La libertad religiosa en España y en el Derecho comparado,* Madrid, Iustel, pp. 195-208.

Juan Pablo II (1978): *Mensaje al S. G. de las Naciones Unidas de 12.1978.* Recuperado de: <www.vatican.va>.

León Benítez, M. R. y Leal Adorna, M. M. (2009): *Derecho y factor religioso. Ad usum privatum,* Madrid, Delta.

Llamazares, D. (1989): *Derecho Eclesiástico del Estado. Derecho de la libertad de conciencia,* Madrid, Universidad Complutense de Madrid.

Lombardía, P. y Fornés, J. (2007): «Fuentes del Derecho Eclesiástico Español». En Ferrer Ortiz, J. (coord.), *Derecho Eclesiástico del Estado Español,* Pamplona, Eunsa, pp. 69-114.

López Alarcón, M. (1989): «Relevancia específica del factor social religioso». En VV. AA., *Las Relaciones entre la Iglesia y el Estado. Estudios en Homenaje del Profesor Lombardía,* Madrid, Universidad Complutense de Madrid, Universidad de Navarra y Editoriales de Derecho Reunidas, pp. 465-478.

——— (2012): «Confesiones y entidades religiosas», en Ferrer Ortiz, J. (coord.), *Derecho Eclesiástico del Estado,* Barañain, Eunsa, pp. 219-264.

Mantecón Sancho, J. (2023): *Factor religioso y Derecho. Curso básico de Derecho Eclesiástico del Estado,* Granada, Comares.

Martí Sánchez, J. M. (2015): *La religión ante la ley. Manual de Derecho eclesiástico,* Madrid, Digital Reasons.

Martí Sánchez, J. M. y García Pardo, D. (2019): *Sistema de Derecho Eclesiástico Español. La religión ante la ley,* Madrid, Digital Reasons.

Martín, M. M.; Salido, M. y Vázquez García-Peñuela, J. M. (2016): *Derecho y religión. Lecciones introductorias de Derecho eclesiástico español,* Granada, Comares.

Martín de Agar, J. T. (2012): «Concordato». En Otaduy, J.; Viana, A. y Sedano, J. (dirs.), *Diccionario General de Derecho Canónico,* Cizur Menor, Thomson Reuters Aranzadi.

Martín Sánchez, I. (1997): «El derecho fundamental de libertad religiosa». En Martín Sánchez, I. (coord.), *Curso de Derecho Eclesiástico del Estado,* Valencia, Tirant lo Blanch, pp. 86-127.

Martínez de Pisón Cavero, J. (2003): *El derecho a la educación y la libertad de enseñanza,* Madrid, Dykinson.

Martínez Torrón, J. (1987): «Jerarquía y antinomias de las fuentes del nuevo Derecho eclesiástico español». *Anuario del Derecho Eclesiástico del Estado,* n.º 3, pp. 119-148.

—— (2009): «La ley orgánica de libertad religiosa, veintiocho años después». En Navarro Valls, R.; Mantecón Sancho, J. y Martínez Torrón, J. (coords.), *La libertad religiosa y su regulación legal,* Madrid, Iustel, pp. 39-68.

Moreno Antón, M. (2009): «Minoría de edad y libertad religiosa: estudio jurisprudencial». En Navarro Valls, R.; Mantecón Sancho, J. y Martínez Torrón, J. (coords.), *La libertad religiosa y su regulación legal,* Madrid, Iustel, pp. 241-278.

Moreno Botella, G. y Corral Salvador, C. (2005): «La constitucionalidad de los cuatro acuerdos (de 3 de enero de 1979), entre la Santa Sede y el Estado español, ante las Cortes y la Jurisprudencia». *Revista General de Derecho Canónico y Derecho Eclesiástico del Estado,* n.º 7.

—— (2020): «Trabajo y religión». En Rossell Granados, J. y García García, R. (coords.), *Derecho y Religión,* Madrid, Edisofer S. L.

Motilla de la Calle, A. (2009): «Ley orgánica de libertad religiosa y acuerdos con las confesiones». En Navarro Valls, R.; Mantecón Sancho, J. y Martínez Torrón, J. (coords.), *La Libertad religiosa y su regulación legal,* Madrid, Iustel, pp. 847-884.

—— (2021): *La jurisprudencia del Tribunal de Estrasburgo en materia de libertad religiosa. Cuestiones disputadas,* Granada, Comares.

Murgoitio García, J. M. (2008): *Igualdad religiosa y diversidad de trato de la Iglesia católica,* Barañáin, Eunsa.

—— (2021): *Educación y creencias religiosas. Bases legales para la comprensión de la diversidad religiosa en el aula,* Pamplona, Thomson Reuters Aranzadi.

Nuevo López, P. (2009): *La Constitución educativa del pluralismo,* La Coruña, Netbiblo.

Ollero Tassara, A. (2005): *España ¿Un Estado laico? La libertad religiosa en perspectiva constitucional,* Madrid, Thomson Civitas.

Otaduy Guerin, J. (1987): «Las cláusulas de salvaguarda de la identidad de las instituciones religiosas». *Ius canonicum,* vol. 27, n.º 54, pp. 673-696.

Palomino Lozano, R. (2015): *Manual breve de Derecho Eclesiástico del Estado,* Madrid, Universidad Complutense de Madrid.

—— (2022): *Derecho y religiones,* Pamplona, Thomson Reuters Aranzadi.

Peña Timón, A. M. T. (2004): *Ideario, centros concertados y financiación pública: estudio legislativo y jurisprudencial,* Madrid, Universidad Complutense de Madrid.

Pérez Royo, J. (1994): *Curso de Derecho Constitucional español,* Madrid, Marcial Pons.

Prieto Sanchís, L.; Ibán Pérez, I. C. y Motilla de la Calle, A. (1997): *Derecho Eclesiástico,* Madrid, McGraw-Hill Interamericana de España.

Ratzinger, J. (2018): *Liberar la libertad. Fe y política en el tercer milenio,* Madrid, BAC.

Riobó, A. (2013): *La libertad religiosa en el pontificado de Benedicto XVI. La Santa Sede en la ONU,* Madrid, Palabra.

Rodríguez Blanco, M. (2013): *Derecho y religión. Nociones de derecho Eclesiástico del Estado,* Cizur Menor, Thomson Reuters.

—— (2018): *Derecho y religión. Nociones de derecho Eclesiástico del Estado,* Cizur Menor, Thomson Reuters.

Rodríguez Uribes, J. M. (2017): *Elogio de la laicidad,* Valencia, Tirant lo Blanch.

Rosell, J. (2020): «Concepto, fuentes y principios constitucionales de Derecho Eclesiástico Español». En Leal-Adorna, M. (coord.), *El fenómeno religioso en el ordenamiento jurídico español,* Madrid, Tecnos, pp. 43-68.

———— (2023): «Religión y nacionalismo en la construcción de sociedades inclusivas». En Vicente y Guerrero, G. (coord.), *Desarrollos, crisis y retos actuales de la libertad religiosa,* La Coruña, Colex, pp. 191-217.

Ruano Espino, L. (2009): «El Derecho a elegir, en el ámbito escolar, la educación religiosa y moral que esté de acuerdo con las propias convicciones, en el marco de la LOLR». *Revista General de Derecho Canónico y Derecho Eclesiástico del Estado,* n.º 19.

Ruffini, F. (1936): «Libertà religiosa e separazione fra Stato e Chiesa». En Ruffini, F., *Scritti guiridici minori I,* Milán, Giuffrè, pp. 101-150.

Salinas Mengual, S. (2020a): «El derecho a la libertad religiosa y su relación con otros derechos fundamentales». En Palomino Lozano, R. y Salinas Mengual, S., *El derecho de libertad religiosa en las relaciones Iglesia-Estado. Perspectiva histórica e implicaciones actuales,* Madrid, Dykinson, pp. 59-86.

———— (2020b): «El papel de las confesiones religiosas en el ámbito estatal». En Palomino Lozano, R. y Salinas Mengual, S., *El derecho de libertad religiosa en las relaciones Iglesia-Estado. Perspectiva histórica e implicaciones actuales,* Madrid, Dykinson, pp. 87-100.

———— (2020c): «Principios reguladores de las relaciones entre el orden civil y el religioso». En Palomino Lozano, R. y Salinas Mengual, S., *El derecho de libertad religiosa en las relaciones Iglesia-Estado. Perspectiva histórica e implicaciones actuales,* Madrid, Dykinson, pp. 37-58.

Sánchez Cámara, I. (2003): «Pluralismo, relativismo y laicidad en educación». En Sancho Gargallo, M. A. (dir.), *Libertad, igualdad y pluralismo en educación,* Madrid, Oidel Europa, BOCM, pp. 135-142.

Satorras Fioretti, R. M. (2008): *Lecciones de Derecho eclesiástico del Estado,* Barcelona, Bosch.

Schouppe, J. P. (2019): «Hacia un régimen jurídico de las empresas de tendencia a la luz de la jurisprudencia europea». *Ius canonicum,* vol. 59, n.º 117, pp. 121-158.

Shah, T. (2013): *Libertad religiosa. Una urgencia vital,* Madrid, Rialp.

Suárez Pertierra, G. (2023): «Antecedentes históricos. Constitucionalismo español. Fuentes del Derecho Eclesiástico Español». En Suárez Pertierra, G.; Souto Galván, E. y Ciáurriz Labiano, M. J. (coords.), *Derecho Eclesiástico del Estado, Valencia,* Tirant lo Blanch, pp. 107-130.

Valero Estarellas, M. J. (2019): «Autonomía de las confesiones religiosas, neutralidad del Estado y prohibición de arbitrariedad, en la reciente jurisprudencia del Tribunal Europeo de Derechos Humanos». *Revista General de Derecho Canónico y Derecho Eclesiástico del Estado,* n.º 49.

Viana Tomé, A. (1985): *Los acuerdos con las confesiones religiosas y el principio de igualdad,* Pamplona, Eunsa.

——— (1987): «La igualdad constitucional en el régimen jurídico español sobre confesiones religiosas». *Anuario de Derecho Eclesiástico del Estado,* n.º 3, pp. 375-404.

Viladrich, P. J. (1980): «Los principios informadores del Derecho eclesiástico español». En VV. AA., *Derecho Eclesiástico del Estado Español,* Pamplona, Eunsa.